特別の教科 道徳

～授業力向上への一歩～

監　修：七條正典　櫻井佳樹

編　著：植田和也　毛内嘉威　土田雄一

齋藤嘉則　松田憲子

美巧社

はじめに

教育は、人格の完成を目指して行われる営みであり、その人格を育む学校教育の中核を為すのが道徳教育と言っても過言ではない。道徳教育は学校の教育活動全体で取り組まれるものであり、その道徳教育の要となるのが「特別の教科 道徳」(道徳科)の時間である。

教科化され、各地で授業の質的改善・充実が求められており、多様な授業実践が展開されている。道徳科の授業を通して、「子どもの心をどう育もうとしているのか」まさに、「人間としてのよりよい生き方や在り方」を一時間の授業で、また教育活動のなかでどのように追求していくのか、道徳科の授業を要としながら、語り合い学び合ってほしい。

本図書では、子どもたちの豊かな人間性の成長を願って、道徳教育の実践に熱い心で取り組まれている全国の実践家の先生方(青森、秋田、千葉、山梨、愛知、京都、岡山、香川、愛媛、高知、徳島、広島、福岡の各府県)にお願いすることができ、実践事例や取組を紹介していただいた。

先哲が考究した、「人は本来どう生きるべきか」等の道徳的・倫理的問いかけを、子どもだけでなく教員も道徳科の教材研究を通して、また授業中の子どもの発言を通して探究する重要性を再認識してほしい。そして、学部生や院生同士、学校の教職員と共に語り合える場や機会を大切にしたいものだ。

本書は、学部生、院生、若手教員、道徳にこれから取り組もうとする先生方を対象に、できるだけ分かりやすい道徳教育の書となることを願って執筆編集したいと考えた。第1章では、求められる授業についての視点や課題意識を踏まえた授業づくりについて記した。第2章では、授業づくり・改善へのより具体的な視点や手立てを整理し紹介した。第3章では、小学校と中学校の道徳科の授業実践を計14事例、掲載した。第4章では、道徳教育の充実に欠かせない研修や連携の取組について記した。第5章では、魅力的な教材開発と自作教材、併せて教科書教材の使用について記した。道徳科の授業づくりを考える参考に、また道徳教育推進の一助となれば幸いである。

最後に、本書の刊行にあたり、監修、執筆をいただいた各先生方に深く感謝の意を表したい。

(植田和也)

目　次

第1章

「特別の教科　道徳」において求められる授業

1　道徳科において大切にしたい授業づくりの視点
～道徳科の特質を生かした「主体的・対話的で深い学び」のある授業～

はじめに

「自分はどう生きたいか、なにを大切にするのか、心の芯を大切に育てなさい」。この言葉は、気仙沼ニッティング社長の御手洗瑞子（みたらいたまこ）さんが小学校6年生の時、担任から「将来なにになりたいか」と問われ悩んでいた際にお母さんから送られたアドバイスである。平成29年1月9日（月）の四国新聞に「心の芯を大切に育てよう」と題され、掲載されたものである。

これと全く同じ視点が、道徳教育の充実に関する懇談会（平成25年12月）の中でも「道徳教育においては、・・・人としてよりよく生きる上で大切なものとは何か、自分はどのように生きるべきかなどについて、考えを深め、自らの生き方を育んでいく事が求められる。」（下線部筆者）と述べられている。

人として何を大切にするか、自分はどのように生きるべきかという心の芯を育てるためには、やはり道徳教育の要である道徳科の授業を通して道徳的価値についての理解を深める機会を持つことが何よりも大切である。

平成27年3月の改訂によって、これまでの「道徳の時間」が「特別の教科　道徳」（道徳科）となった。つまり、道徳の教科化である。この教科化の本旨は、道徳の授業の実質化を図ることにある。具体的には、道徳の授業の量的確保（時間数の確保）と質的充実（授業内容の充実）である。そのための改善方策として、教科化に伴い検定教科書の導入と評価の充実（指導要録に記述欄を設けるなど）が示されたが、特に授業の質的改善の観点からは「目標・内容の見直し」や「多様で効果的な指導方法への改善」が重要なポイントとなる。

1　道徳科の特質を生かした授業づくり

道徳科の授業づくりの第1のポイントは、道徳科の特質を生かした授業づくりである。

これまでの授業を見直し、その質的改善を図る上で重要となるのが、目標の見直しである。今回の改訂においては、道徳科の特質を明確化するとともに、道徳授業のイメージが具体的に持てるよう目標の見直しを行った。それは、道徳の授業を実施する教師にとって、よりねらいに即した授業の具現化を図ることにつながる。つまり、道徳授業の質的改善のためには、何よりもまず目標を見直しその特質の明確化を図ることが前提条件となる。

そこで、改めて道徳科の特質について確認しておきたい。小学校学習指導要領解説道徳編において、道徳科の特質は以下のように示されている。

「道徳科は、児童一人一人が、ねらいに含まれる一定の①道徳的価値についての理解を基に、②自己を見つめ、物事を③多面的・多角的に考え、④自己の生き方についての考えを深める学習を通して、内面的資質としての道徳性を主体的に養っていく時間である。」(数字と下線は筆者)

道徳科の特質として明示されているのは、①道徳的価値についての理解を基に、それを②自分自身との関わりにおいてとらえ(主体的)、③多面的・多角的に考える(対話的)ことを通して、④自己の生き方についての考えを深める学習(深い学び)を行うというものである。ここに道徳授業のイメージが具体化され、道徳授業の成立要件として押さえておくべき4つの要素が示されている。このことをしっかりと踏まえて道徳科の授業づくりを行うことが望まれる。

2　「考え、議論する」ことを重視した授業づくり

道徳科の授業づくりの第2のポイントは、「考え、議論する」こと(「主体的・対話的で深い学び」)を重視した授業づくりである。

上記の①道徳的価値についての理解と、④自己の生き方についての考えを深めることは、道徳科の授業として大前提である。今回道徳の改訂において強調された「考え、議論する」ことを重視した授業づくりにおいては、②の道徳的価値について自己との関わりにおいてとらえること(主体的)や、③の一面的な考えから多面的・多角的な考えへと深めていくこと(対話的で深い学び)こそが、授業改善の重要なポイントとなる。そのためにも、道徳に係る教育課程の改善方策で示された「多様で効果的な指導方法」を活用して授業づくりの工夫改善を図ることが求められる。

その第一は、多様な考え方を生かすための指導の工夫である。具体的には、「言語活動」を中心に、ペア学習やバズ学習、ディベートなどの話し合いの形態

を工夫することや、その際、話し合いだけでなく、ホワイトボードにそれぞれの考えを書いたり、付箋紙を用いて整理しまとめたりするなどの書く活動の工夫も考えられる。また、言語以外に、非言語による手法（心の天秤、心情円盤、心のメーター等）を用いて、一人一人の子どもが自分の考えを表出しやすくするなど工夫することが望まれる。

第二は、多面的・多角的な視点から学び合うことのできる指導の工夫である。「問題解決的な学習」はその一つであるが、同輩集団で学び合う学習以外に、「保護者参加型の授業」や「地域の人材を活用した授業」など、子どもたちだけの話合いからは出てこない多面的・多角的な視点から学び合いを深めていく学習の場づくりの工夫改善が求められる。

第三は、自らのこととつなげて考えることのできる指導の工夫である。授業において、教材の主人公の視点に立って考えさせるために、ロールプレイを用いた「体験的な学習」を行ったり、日常体験したことを想起させて、登場人物の考えを共感的にとらえさせたりするなど、道徳的問題を他人ごととしてではなく、我がこととしてとらえ考えられるよう工夫することが求められる。

これらのことを通して、道徳的問題について、子どもが「主体的」に（自分のこととして）、「対話的」で（他者と共に学び合うことを通して）、「深い学び」を行うことが可能となる。つまり、「考え、議論する」道徳の具体化が図られ、「道徳科」の特質を生かした授業改善につながることになる。

3　自らの学びの過程を振り返ることのできる授業づくり

道徳科の授業づくりの第3のポイントは、子どもが自らの学びの過程を振り返ること（自己評価）のできる授業づくりである。

道徳科の特質を生かした授業づくりの視点としては、道徳的価値の理解を自分自身との関わりにおいてとらえることと、一面的な見方ではなく多面的・多角的に考えることが示されている。そして、道徳科の評価としては、「一面的な見方から多面的・多角的な見方へと発展しているか」、「道徳的価値の理解を自分自身との関わりの中で深めているか」という二つの視点が示されている。つまり、評価が成立するためには、授業づくりも評価と同じ視点で行われていなければならない。まさに「指導と評価の一体化」である。

そして、子どもが自らの学びの過程を振り返り、学んだことを自己評価できるためには、学びの足跡を記した「道徳ノート」等の表現物が不可欠である。自らの学びの深まりを自己確認することは、次への意欲的な学びにつながるとともに、より主体的な学びを促すことにもなる。その意味からも、子どもが自らの学んだ過程を振り返り、自己評価することの重要性を改めて認識した上で、子どもが主体的に学ぶ授業づくりに向けた「道徳ノート」等の表現物の改善充実及び活用をこれまで以上に促進する必要がある。

今学校現場においては、どのように評価を行えばよいかについての論議が盛んである。そして、評価をするための手段として、「道徳ノート」等の表現物を限定的に活用しているケースもある。しかし、評価が成立するためには、先に示したような道徳科の特質を生かした授業の実施が何よりも不可欠である。改めて道徳科の特質を生かした授業づくりに向けて、その指導の改善充実を図ることが求められよう。

おわりに

今回の改訂では、当初「考え、議論する」道徳への転換がキャッチコピーとして強調された。その後、今回の学習指導要領全体の改訂のキーワードとして「主体的・対話的で深い学び」が登場した。「考え、議論する」道徳とは、子どもたちが主体的に考え、多様な他者との対話（議論）を通して、道徳的価値についての考えを深める学習となるよう、これまでの道徳授業の抜本的充実を図ることを求めたものである。それは、今回の道徳科の目標の中で、「道徳的価値についての理解を基に、自己を見つめ、物事を多面的・多角的に考え、自己の生き方についての考えを深める学習」として、その特質を明確にしたことと軌を一にしている。決して「問題解決的な指導」や「体験的な指導」を行えば、即「考え、議論する」道徳となるわけではない。大切なことは、様々な指導方法をどのように取り入れれば、子どもたちが道徳的価値を自分との関わりにおいて捉え、他者との対話を通して、それぞれの考えを深めていけるような学びを具現化できるかということこそが問われている。改めて「考え、議論する」道徳を「主体的・対話的で深い学び」という視点から再考し、子どもの心のニーズに応えられるような道徳の授業づくりに努めたいものである。　（七條正典）

2　道徳科の授業における哲学的・倫理学的問い

1　はじめに

特別の教科　道徳（道徳科）が目指すのは、「よりよく生きるための基盤となる道徳性を養うため、道徳的諸価値についての理解を基に、自己を見つめ、物事を広い視野から多面的・多角的に考え、人間としての生き方についての考えを深める学習を通して、道徳的な判断力、心情、実践意欲と態度を育てること」（『中学校学習指導要領解説　特別の教科　道徳編』13頁）である。

だが、こうした説明を即座に消化できる人の方が稀有だろう。ここでは、そうした分かりにくさを「哲学的・倫理学的問い」と名づけ、そうした問いの解明を目指したい。

2　道徳的価値理解から人間理解へ

道徳科が目指すのは「人間としての生き方」についての考えを深める学習である。「道徳的価値とは、よりよく生きるために必要とされるものであり、人間としての在り方や生き方の礎となるものである」（14頁）。単に生きるのではなく、「よりよく生きる」ために必要なものである。社会における人と人との関係を定めるところの規範、原理、規則の総体を倫理と呼ぶならば、それらの問いは、倫理学的問いと不可分な問いである。よりよく生きようとするのが人間であるならば、もし仮にそうでない場合、人間に値しないというのならば、理想的人間（人間らしさ）への問いであり、そうであるための「当為」や「義務」への問い、「価値」への問いである。人間らしい人間、人間にふさわしい人間、神の似姿として創造された（はずの）人間であるならば、よりよく生きているであろうし、少なくともよりよく生きようとしているであろう。

そのために人間が身につけなければならない値打ち、それが「道徳的価値」である。したがって、道徳的価値への問いは、人間とは何かという問いそのものであり、人間らしさを規定する条件への問いである。

「学校教育においては、これらのうち発達の段階を考慮して、生徒一人一人が道徳的価値観を形成する上で必要なものを内容項目として取り上げている。生徒が今後、様々な問題場面に出会った際に、その状況に応じて自己の生き方を考え、主体的な判断に基づいて道徳実践を行うためには、道徳的価値の意義及びその大切さの理解が必要になる」(14頁) という。成熟した人間であるならば、道徳的価値の重要さは理解しているであろう。

しかしながら、児童や生徒はまだそうした段階に達していない。したがって、学校教育においては、将来必要な判断が可能になるための基礎、すなわち「道徳性」を養うことが目標なのである。

3　生起する哲学的問い

こうした思考の枠組みから哲学的問いが生起する。果たして「人間としての生き方」が問われる際の「人間」とは何なのか。それは実在する (した) のか。それは単数形か、複数形か。思想家が創造した観念に過ぎないのではないか。今生きている私たちや子どもたちは、「人間」に値するのか。

哲学とは「思惟を社会的現実のなかに批判的、体系的、全面的、徹底的に貫きとおす仕事にほかならない」(『哲学事典』975-976頁) が、当たり前に使用している「人間」について哲学すれば、その自明さは簡単に崩れ去る。

例えば、「人間」とhuman beingは同じなのだろうか。人と人との間柄を重視する日本人の「人間」概念と個 (体) 性individualityを尊重する西洋人のhuman beingでは、意味内容が異なるのではないのか。こうして、人間をめぐる「個」「種」「類」という次元の異なる問いが浮上してくる。私たちはこうした問題を曖昧にしたまま、それぞれの「人間」を問題にしているのである。

4　道徳的諸価値の構造

ところで、「価値」とは時代や場所を超えた「普遍的価値」なのだろうか。それとも時代や国に特有の「特殊的価値」なのだろうか。それを実証することは難しく、両者は入り乱れている。私たちの価値観を形成するものは、かつては宗教や習慣であったが、近年になって日進月歩の科学技術や変動する経済の影響が強いだろう。グローバル化やAIの進展、頻発する自然災害や環境破壊、そして新型コロナウィルスの世界的拡散 (パンデミック) なども私たちの道徳意識に変化をもたらしている。かつての「人間」にとって当たり前であったもの (親密な優しさ）が、一瞬で当たり前でなくなる経験をした（ソーシャル　ディスタンス）。

こうした流動化する社会において、学校で学ぶべき「人間らしさ」の一覧表が「内容項目」である。A、B、C、Dの４つに分類されているが、これらは相互に関連している。「例えば、自律的な人間であるためには、Aの視点の内容が基盤となって、他の三つの視点の内容に関わり、再びAの視点に戻ることが必要になる」（『解説』20頁）。このように、一つ一つの内容項目だけに着目するのではなく、全体としての「人間像」を総合的に理解する必要があるのではなかろうか。そしてこれらは常に変容せざるを得ない。今どのような「人間・人間性」が求められているのか、常に吟味や検証が必要である。変化が激しい時代の道徳教育では、臨機応変な教育が求められているのである（今日のオンライン教育に対する評価の高まりを参照）。

５　道徳教育の方法

「道徳科の授業では、特定の価値観を生徒に押し付けたり、主体性をもたずに言われるままに行動するよう指導したりすることは、道徳教育の目指す方向の対極にあるものと言わなければならない」（13頁）と、児童生徒の主体性が尊重される。道徳性を育むのは教師ではなく、むしろ児童生徒自身である。生徒が他者を鏡としながら自己を見つめ、人間としての生き方を模索するようになる。教師はその支援や指導をする、という教育観である。そうしたことが可能になるような教材や学習展開を構成するのが、教師の役割である。

道徳教育の課題として考えられるのは、道徳的価値・内容項目と教材の不整合である。教科書や副読本に挙げられた教材が内容項目にフィットしないという経験は誰もが持つ経験だろう。これは明らかに、教材の不備ではないだろうか。そして逆に面白い素材なのに、それと適合するに相応しい内容項目がない場合もある。

教科書を使わねばならないという教科書偏重主義の呪縛を取り払って、道徳教育の本道に立ち戻るべきである。「道徳性の発達の出発点は、自分自身である。中学生の頃から、様々な葛藤や経験の中で、自分を見つめ、自分の生き方を模索するようになる」（15頁）。「中学校段階では、小学校において育成される道徳性の基礎を踏まえ、よりよく生きる上で大切なものは何か、自分はどのように生きるべきかなどについて、時には悩み、葛藤しつつ、生徒自身が、自己を見つめることによって、徐々に自ら人間としての生き方を育んでいくことが可能となる」(16頁)。それゆえ、「2　道徳科に生かす教材」において、3つの条件をあげているが、その(2)では「人間尊重の精神にかなうものであって、悩みや葛藤等の心の揺れ、人間関係の理解等の課題を含め、生徒が深く考えることができ、人間としてよりよく生きる喜びや勇気を与えられるものであること」(107頁)とされている。この教材を読むことによって、いかなる道徳的価値に触れることが可能なのか、また生徒が自己との関わりにおいていかに深く捉えることが出来るのか、という選択基準を持つことが必要である。

筆者が大学の講義(「道徳教育論」)で紹介する、やなせたかし(2002)の詩集より一編の詩を引用する。感謝の実践は容易ではない。

ありがとうと　のどまで　でていたのに　いいそびれた　それがとても気にかかる　心の中では　百ぺんも　ありがとうと　いっていたのに

「3　生徒が主体的に道徳性を育むための指導」の(3)では「人間としての弱さを認め、それを乗り越えてよりよく生きようとすることのよさについて、教師が生徒と共に考える姿勢を大切にする」(92頁)とある。人間は弱い。だけど、強くならねばならない。いじめられたくない。だけどいじめを止めなければならない。いじめの心理だけでなく、なぜいじめが起こるのか、いじめの論理も学ぶ必要があるのではなかろうか。人間にとってなぜ道徳は必要なのか、と哲学し続ける姿勢こそ、道徳教育が求めている当のものなのである。

【引用・参考文献】

・上地完治編(2020)『道徳教育の理論と実践』ミネルヴァ書房
・改訂新版哲学事典編集委員会(1985)『哲学事典』平凡社
・櫻井佳樹(2008)「教育とユーモア」、小笠原道雄他編『教職概論』福村出版
・文部科学省(2018)『中学校学習指導要領(平成29年告示)解説　特別の教科　道徳編』教育出版
・やなせたかし(2002)『人間なんておかしいね』たちばな出版

(櫻井佳樹)

3　指導と評価の一体化を大切にした授業づくり・授業改善
～道徳授業のPDCAサイクル～

1　指導と評価の一体化

道徳科における評価とは、指導に生かされ、児童生徒の成長につながる評価である。つまり、教師が授業改善を行うための資料となる評価であり、児童生徒のよい点や成長の様子などを積極的に捉え、認め励ます評価である。

道徳科は、よりよく生きるための基盤となる道徳性（内面的資質）を育てることをねらいとしている。教師は、常に学習指導過程や指導方法を振り返りながら、子供の学習状況の把握を基に、授業に対する評価と改善を行うことが指導と評価の一体化である。教師が、自らの指導を評価し、その評価を授業の中で更なる指導に生かすことが、指導の改善につながる。

指導と評価の一体化を大切にした授業づくり・授業改善とは、教師が道徳授業のねらいとする道徳的価値に関わる道徳性の諸様相を育てるために、学習指導過程や指導方法を工夫しながら、道徳科の主体的・対話的で深い学びを構想することであり、児童生徒の学びの姿を継続的に把握し評価することである。

2　道徳授業のPDCAサイクル

質の高い道徳授業の構築には、明確な意図をもって指導の計画を立て、授業の中で予想される具体的な児童生徒の学習状況を想定し、学習指導過程や指導方法を工夫しながら、道徳科の主体的・対話的で深い学びを構想し、さらに、授業の振り返りの視点（評価の観点）を立てて臨むことが重要である。こうした指導と評価の一体化の視点をもった道徳授業の実現のためには、計画から授業実施、評価までを一つのサイクルととらえ、授業改善や児童生徒の成長に生かしていくことこそが大切である。この考え方が、道徳科における指導と評価の一体化であり、道徳授業のPDCAサイクルの実現ということになる。

(1)　「P」・・・道徳授業の計画（Plan）

道徳授業のねらいは、よりよく生きるための基盤となる道徳性を育てることであり、そのためには子どもの実態把握等に基づく指導計画（全体計画、別葉、年間指導計画）が必要不可欠である。まずは、学校・家庭・地域の実態から、どのような児童生徒を育てていくのかを明らかにし、道徳教育の重点目標や重点的に指導する内容項目を設定して取り組むための指導計画（全体計画、別葉）を立て、全教職員で共通理解することが大切である。次に、主たる教材としての教科書を使用して、重点的な指導や内容項目の関連を密にした指導や一つの内容項目を複数時間で取り入れる指導、効果的な教材の活用方法などを盛り込んだ年間指導計画を作成し、それに基づいて道徳授業を実施することである。

(2)　「D」・・・道徳授業の授業実践（Do）

道徳授業は、発達の段階に応じ、道徳的諸価値についての理解を基に、道徳的な課題を一人一人の子どもが自分自身の問題と捉え、「主体的・対話的で深い学び」のある授業を構想し、質の高い授業に質的転換を図ることである。それは、1単位時間の中に目標にある四つの学習（①道徳的価値を理解する学習、②自己を見つめる学習、③多面的・多角的に考える学習、④人間として（自己）の生き方についての考えを深める学習）が含まれていることである。

(3)　「C」・・・道徳授業の評価（Check）

道徳授業においては、児童生徒に主体的に考えさせることを明確にして、「道徳的諸価値についての理解を基に、自己を見つめ、物事を多面的・多角的に考え、自己（人間として）の生き方についての考えを深める」という目標に掲げる学習活動が展開されていなければならない。

道徳科の評価には、「道徳科の授業に対する評価」と「道徳科の授業で見取る子どもの評価」の二つがある。二つの評価は、相互に関連しており、一体的に捉える必要がある。道徳科の授業に対する評価は「観点」として、道徳科の授業で見取る子どもの評価は「視点」として捉え、指導案には区別して記述する。

(4)　「A」・・・道徳授業の改善（Action）

「主体的・対話的で深い学び」という授業改善の視点から、より質の高い、より効果的な指導を追求することが重要である。そして、忘れてはならないのが、よりよく生きるための基盤となる道徳性が育っているのかを検証することである。そのためには、教職員が成果と課題について共通理解を図ったり、校内研究等を通して深めたりして、質の高い道徳授業を目指してチーム学校として授業改善に取り組むことである。つまり、アクションを起こすことである。

３　道徳科の授業に対する評価

（1）　道徳科の授業づくりとる評価

道徳科の授業に対する評価は、学習指導課程や指導方法を教師自らが振り返ることである。そのためには、指導案等に評価の観点を記載し、分析的に評価することが求められている。授業に対する評価の観点を明確にして授業づくりをすることは、教師自らの指導を評価し、その評価を道徳授業の中で指導に生かし、道徳性を養うことにつながる。

道徳科の授業に対する評価は、授業のねらいが達成されているかどうかを検証することである。また、何のためにそのような指導方法を用いたのかを、目標を踏まえながら授業について振り返り、改善していくことが大事である。

（2）　道徳科の授業に対する評価の観点

道徳科の授業に対する評価の観点、つまり、学習指導課程や指導方法に関する評価の観点は、道徳科の解説第５章第３節に次のように示されている。

ア　学習指導過程は、道徳科の特質を生かし、道徳的価値の理解を基に自己を見つめ、自己の生き方について考えを深められるよう適切に構成されていたか。また、指導の手立てはねらいに即した適切なものとなっていたか。

イ　発問は、児童が多面的・多角的に考えることができる問い、道徳的価値を自分のこととして捉えることができる問いなど、指導の意図に基づいて的確になされていたか。

ウ　児童の発言を傾聴して受け止め、発問に対する児童の発言などの反応を、適切に指導に生かしていたか。

エ　自分自身との関わりで、物事を多面的・多角的に考えさせるための、教材や教具の活用は適切であったか。

オ　ねらいとする道徳的価値についての理解を深めるための指導方法は、児童の実態や発達の段階にふさわしいものであったか。

カ　特に配慮を要する児童に適切に対応していたか。

４　道徳科の授業で見取る子どもの評価

（1）　見取る子どもの評価（視点）の在り方

道徳科の授業では、児童生徒の学習状況を見取り、継続的に行った授業で児童生徒の学びの成長の様子を評価することが求められている。そのためには、児童生徒に考えさせる工夫をし、学習の見通しを立てたり振り返ったりする活動を設定し、発問に対してどのような考えや意見を表出したのか、どのような考えの広がりや深まりが見られたのか、どのように自分との関わりで考えていたのかなどを大事にした授業づくりが必須となる。

(2)　授業で見取る子どもの評価の視点

道徳科の授業で見取る子どもの評価では、「一面的な見方から多面的・多角的な見方へと発展しているか」「道徳的価値の理解を自分自身との関わりの中で深めているか」といった視点を重視している。指導と評価の一体化を大切にした授業づくり・授業改善のためには、道徳科の解説第５章第２節にも示されている下記の視点を重視することである。

①学習状況の視点「多面的・多角的な見方へと発展しているかという点」

・道徳的価値に関わる問題に対する判断の根拠やそのときの心情を様々な視点から捉え考えようとしている。

・自分と違う立場や感じ方、考え方を理解しようとしている。

・複数の道徳的価値の対立が生じる場面において取り得る行動を多面的・多角的に考えようとしている。

②学習状況の視点「道徳的価値の理解を自分自身との関わりの中で深めているかという点」

・読み物教材の登場人物を自分に置き換えて考えようとしている。

・自分なりに具体的にイメージして理解しようとしている。

・現在の自分自身を振り返っている。

・自らの行動や考えを見直している。

・道徳的な問題に対して自己の取り得る行動を他者と議論している。

・議論を深める中で、道徳的価値の理解をさらに深めている。

・道徳的価値の実現することの難しさを自分のこととして捉え、考えようとしている。

【引用・参考文献】

毛内嘉威（2018）『道徳授業のPDCA －指導と評価の一体化で授業を変える－』明治図書

（毛内嘉威）

4　教員の課題意識を踏まえた道徳科の授業づくり

1　はじめに

「特別の教科　道徳」の実施にあたり、小中学校教員にどのようなニーズがあるのか、2016年の調査を基に、2018年、2019年と経年調査を行った。その調査から見えてきた、道徳授業に対して感じる難しさや授業力を高めるために必要な点、これからの道徳授業への意識から道徳の授業づくりの視点を考える。

2　道徳授業をする上での難しさ

まず、教員が道徳授業をする上で難しいと感じているのは、多い順に「発問」「指導方法」「終末」「評価」であった（図1）。つまり、具体的な授業の展開の仕方や教科化による評価に難しさを感じている。中でも「発問」は群を抜く。校種や経験年数別の分析でも同様の結果であった。道徳授業での「発問」の重要さと難しさがわかる。

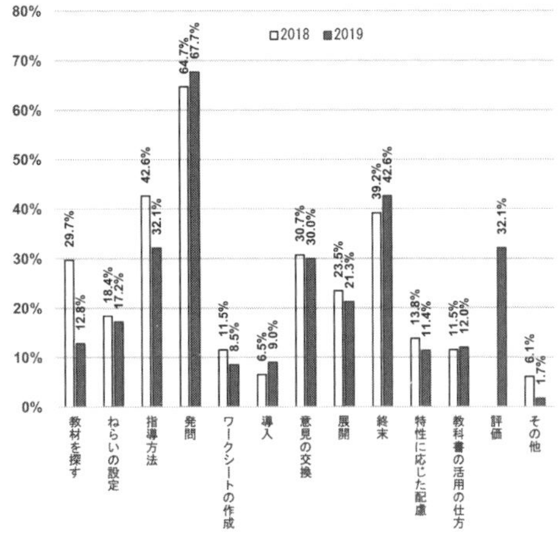

図1　道徳授業をする上で難しい点

一方で、「教材を探す」は2018年度に比べ2019年度は低い。道徳科として教科書を使用するようになったことが要因であろう。しかし、教科書を使用するようになっても「教材を探す」を挙げている教員が、中学校で多いという点は見逃せない。教科書教材だけでは十分ではないと感じているのだろうか。

3　道徳の授業力を高めるうえで必要なこと

道徳の授業力を高めるために教員が必要だと考えているのは、「道徳の達人などの授業参観」が最も高く、モデルとなる授業を求めていることがわかる

(図2)。「公開研究会に参加」も同様の理由と考えられる。2番目に高いのが「学級経営の充実」である。「考え議論する道徳」を目指すには、学級経営の大切さがこれまで以上に意識されている。

また、経験年数別でみると経験年数10年未満の教員では、「先輩の授業を参観」が高く、10年以上では「指導案作成の研修」が高かった。経験年数が浅い教員はモデルとなる授業を求め、経験を経るにつれ研修を求める傾向が見られた。

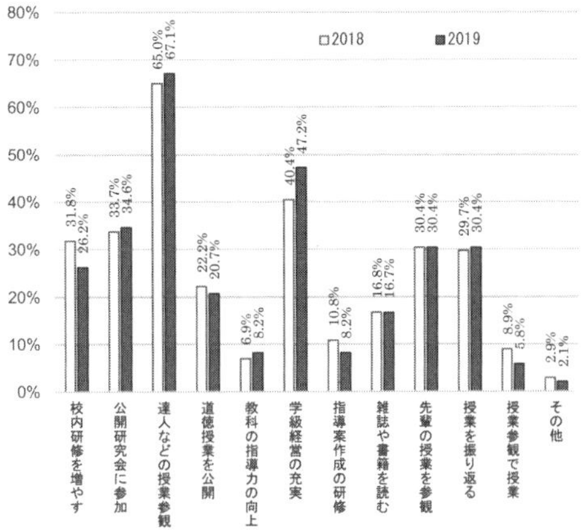

図２　道徳の授業力を高めるために必要なこと

4　これからの道徳授業についての意識

34の質問項目に「そう思う」から「そう思わない」までの５段階で回答を得た(図3)。「そう思う」が50%を超えた項目は、「ねらいを意識した授業づくり」「実態を踏まえた指導」「成長を重視した評価」「安心感のある学級経営」「発問の工夫」「資料提示の工夫」であった。中でも「安心感のある学級経営」と「発問の工夫」が高いことは、先の結果と重なる(図1、2)。経年で比較すると、「映像教材の活用」「問題解決的な授業」「討論を取り入れる」「いじめ問題への対応」等が減り、「板書の工夫」が増えるなど、いわゆる授業の基本への意識が高まってきている。それは「考え議論する」道徳を目指すには、表面的な授業スタイルだけでなく、授業の基本の重要性が実感されたのではないだろうか。

校種別に比較すると、小学校で高かった点は、「板書の工夫」「ねらいを意識した授業づくり」「系統性を意識した授業づくり」「問題解決的な授業」と授業づくりそのものについての項目である。中でも板書が顕著に高く、小学校での板書の効果を示していると言えよう。中学校では「映像教材の活用」「担任以外の教員の授業参加」「インターネットでの教材作成」「討論を取り入れる」等、より授業を深めるような教材や指導方法を求める傾向があることがわかる。

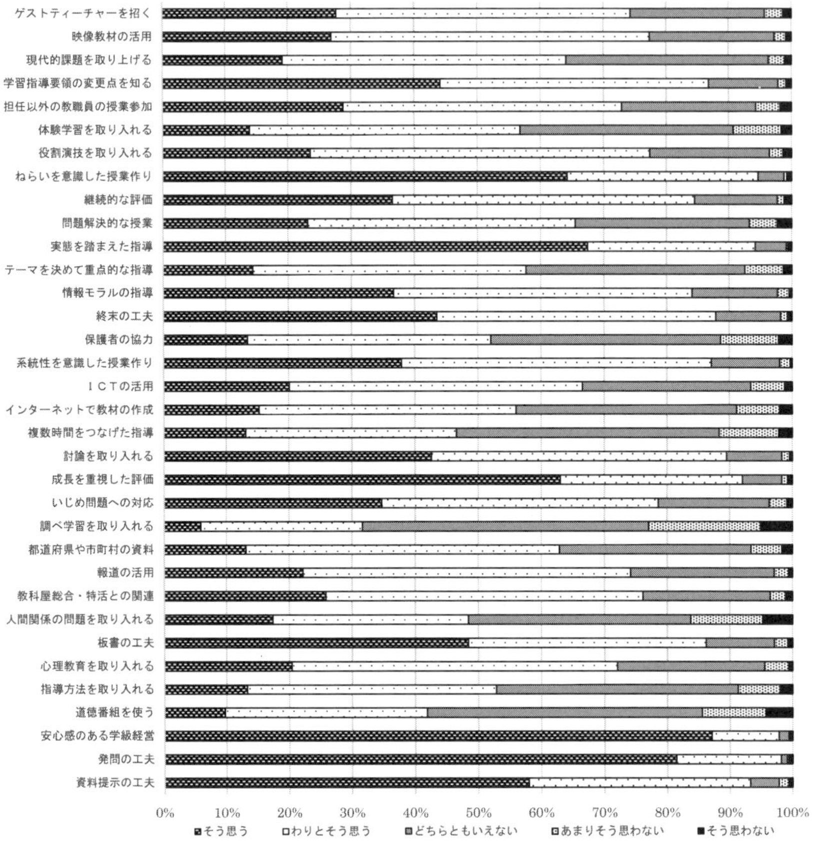

図３　これからの道徳の授業について

５　課題意識を踏まえた授業づくりに向けて

これらの調査の結果を踏まえて、教員の課題意識をもとにした授業づくりの視点を挙げたい。

（1）　授業の基本を大切に

経年調査の中で、全体的に校種や経験年数によって異なっていた意識の差が減少し、道徳授業に対する意識が共通してきたことがわかる。その要因には、教科化により全ての教員が教科書という共通の教材を活用し、評価までを行うため、学年で話し合ったり指導案を検討したりするようになった。その結果、

「共通の課題意識」へと近づいていったのではないか。その意識が「発問」「指導方法」「終末」へと向かったのだろう。これらは授業づくりの根幹である。この教科化を機会にねらいの検討や導入等を含め、今一度道徳の授業づくりの基本を大切にした授業展開が求められる。

さらに授業の基盤となる「学級経営の充実への意識」が高まっていることにも着目したい。道徳科の授業の充実には、安心感のある学級経営が欠かせない。子どもたちが安心して自分の考えを話すことができる学級づくりは道徳授業の基盤である。

(2)　相互授業参観で具体的な指導方法や技術のモデルを

道徳授業に難しさを感じる一方で、授業力を高めるために「達人などの授業参観」が挙がるなど、モデルとなる授業が求められている。研修を求めるニーズは減少しているのに反して、授業を参観するニーズは増加している。特に経験年数が10年未満でのニーズが高い。経験年数が少ない若年経験者教員は、どのように授業したらよいのかイメージがわかず、「発問」や「終末」への難しさを感じている。このようなニーズに対し、校内での対応を考えたい。校内で相互参観を行い、様々な授業について具体的にイメージできる機会を持つことは、互いの授業力の向上に役立つ。また、多くの目で子どもたちを見ることは、子どもの良さに気づくきっかけともなり、評価にも生かすことができるだろう。授業をオープンにし、互いの授業を参観し磨き合いたい。授業後に相互に振り返る場面を短時間（15分程度）で行うことも授業力向上に効果的である。

(3)　具体的な発問の検討ワークを

道徳授業でもっとも難しいという声の多かった「発問」について、学年等で教材をもとに具体的に考えるワークを取り入れたい。教材を読み、ねらいを考え、授業の山場をどこにするか等、大まかに教材を分析し、主発問や発問に対する生徒の反応等、具体的に考えるのである。このようなワークを通して、発問と同様難しさを感じていた終末に対しても具体的にイメージできるだろう。長い時間をかけて検討していては長続きしない。短く時間を区切って検討することで回を重ねられ、授業づくりの力量を高めることにつながる。

(4)　若年経験者教員には、「手応えのある」授業体験を

経験が浅い教員の中には、「道徳授業の手応え」とはどのようなものか、よくわからない教員もいるだろう。「子どもたちが深く考える」授業とはどういったものか、授業者として感じることがその後の授業づくりに大きく影響する。そのためには、授業の進め方を具体的にイメージできる体験が必要である。例えば、先輩教員が若年経験者教員を子ども役として模擬授業し、具体的に発問や板書をしてみせるのである。授業を参観するだけでなく、どのように授業を深めるのか、その過程を自分が体験しながらイメージすることは授業づくりの具体的な理解につながり、手応えのある授業への一歩となるだろう。

(5)　教材開発・指導方法の工夫と保管・共有を

中学校で特に高かった教材や指導方法への意識は、道徳の授業をより充実させたいという願いの表れであろう。教科書を恒常的に用い、道徳授業への課題意識が共通になってきた半面、形骸化の危険もはらんでいる。道徳授業を充実させ、形骸化させないためにも、実態に応じた魅力的な教材開発や視聴覚教材の活用、指導方法の工夫（思考ツールの活用等）を期待したい。

さらに開発（活用）した教材や指導等は、学年・学校で誰もがすぐ活用できる状態で保管しておく。教材ごとに、指導案・ワークシート等補助資料・黒板への掲示物等、授業を行うための教材一式と、授業の板書写真をセットにした「授業パック」として共有することは、授業準備への負担が減るとともに、その後の授業改善にも役立つ。

【引用・参考文献】

・小柴孝子・武田明典・村瀬公胤（2017）「道徳の教科化にむけての小・中学校教員のニーズ調査」『神田外語大学紀要第29号』神田外語大学、507-529頁

・松田憲子・土田雄一（2020）「『特別の教科　道徳』についての小・中学校教員ニーズ調査2019」『千葉大学教育実践研究第23号』千葉大学教育学部附属教員養成開発センター、39-54頁

・松田憲子・土田雄一（2019）「『特別の教科　道徳』についての小・中学校教員ニーズ調査」『神田外語大学紀要第31号』神田外語大学、289-311頁

・松田憲子・土田雄一・尾高正浩・岡田直美・佐瀬久代（2017）「若年経験者教員の道徳授業改善への取り組みⅠ－「道徳モデル授業プラン」の開発と実践－」『千葉大学教育学部研究紀要第66巻第1号』千葉大学教育学部、309-315頁

（松田憲子）

第 2 章

授業づくり・授業改善への大切にしたい視点

1　授業分析や記録を生かした授業改善への一歩

1　自らの授業を常にモニタリングする力

(1)　学習過程や指導方法における傾向の確認

解説特別の教科道徳編第５章「道徳科の評価」では、小・中学校同様に「録音や録画で授業を振り返ることは、今まで気付かなかった傾向や状況に応じた適切な対応の仕方などに気付くことにもなる。」(小116頁) と明記されている。

誰にも、癖や無自覚な傾向等があり、授業においても見受けられる。まさに、自らが気付いていない点に気付くためには、自らの姿や言動を客観的に確認するための材料が必要である。現在では、ICT機器の進展により、大変小さなボイスレコーダ等も入手可能である。道徳科の学習過程や指導方法を具体的に振り返る手立てとして、機器等による授業記録も子どもたちの表現物とあわせて有効に活用してほしい。大切なことは、よりよい授業を求めて自らの日々の授業を振り返ること、自分で自分自身の授業をモニタリングする習慣である。そのことを道徳科の授業改善につなげて授業力向上を図ってほしい。

(2)　自分自身の傾向や癖を具体的に確認

道徳科の授業において、下記のようなことはないか想起してほしい。

例①「教師からの発問、指示、助言等が繰り返し行われるなど、しゃべりすぎていないだろうか？」

授業には、時間的制約があり、教師が気付かせたい内容項目に関する価値的な言葉を引き出そうと、ついしゃべりすぎて子どもの活動が十分に確保できなかったり、終末の活動や振り返りができなかったりすることはないだろうか。

例②「子どもの発言に傾聴できているだろうか？」

授業前に道徳科の内容項目や本時のねらいから、教師が想定した発言のみを求めていないだろうか。期待する内容の発言のみに好感を示していないだろうか。児童生徒の発言の背景や意図、思いに共感できているだろうか。それらを瞬時に全て理解できなくても、まず共感的に受け止め分かろうと努力しているだろうか。このような態度は事前の教材分析とも関係してくるだろう。

例③「思考ツールありきになっていないだろうか？」

目的や児童生徒の姿と関係なく、思考ツールを何となく活用していることはないだろうか。子どもたちの発達段階や思考ツール活用のよさを意識して、どのような意図で道徳科の学びに生かそうとしているのかを明確にしてほしい。「活動あって学びなし」とならないように配慮して、効果的に活用してほしい。

2　授業改善に向けての第一歩

(1)　すぐにできること

授業改善を自分ごととして捉えることは簡単なことではない。そこで、すぐにできること、できそうなことから、まず取り組んでみることだ。

①　解説の道徳科の目標を読み、めざす授業像の明確化

まず、基本的なことからの一歩として、解説の道徳科の目標を再確認することである。そして、自らのめざす授業像を自らの言葉で明確に表現してみることから取り組んでみよう。そのことを常に意識する環境構成も効果的である。

②　道徳科の授業における課題の視覚化

また、自らの課題を表現して誰かに伝え、互いに課題を共有することも無理なくできそうだ。自己内にある課題意識や迷いも含めて、言語化する。その際、日々の授業で何を意識して取り組みたいのか、「ここをこうしたい」という1点でよいので、「そのために」と明確にすることだ。それは、自己の内から外に課題を出して見えるように、外在化することである。少し恥ずかしさを伴うかも知れないが、互いに知り合うことで、何となく感じていたことが明確になる。

○めざす授業を考えると現在のご自身の授業における課題は？・・・・・・・
◎その課題（改善点）を受けて、日々の授業でより意識していきたいことは？
そのために　・・・・・・・・・・・・・・・・・・・・・・・・・・・・

さらに、同じ課題や思いは自分だけでないことに気付き、日々の情報交換や実践の紹介など次への一歩につながる。例えば、参加者が色付箋で表現して、なかま分けすることも効果的である。学年団、若年、校内研修等、各校の規模や参加人数に応じて多様にアレンジしてほしい。また、第1章4で示したようなアンケート結果を参考に紹介することも考えられる。

３　記録を生かした授業分析

授業者が自分自身の指導方法の傾向や癖に気付き自覚することは容易ではない。そこで、多様な授業記録によるEvidence（客観的な根拠）を示しながら、授業時における自身の思いや考えを振り返り、改善の視点に気付いていくことも重要な取組である。最近では、情報機器や分析ソフト等を活用して、詳細な数量的分析も紹介されている。例えば、360度全方位撮影カメラでの映像記録から、教師と児童生徒の表情を同時に記録できる機器の活用もみられる。そのような記録から、教師のメタ認知、教師の無自覚的意図による行為分析等も改善に生かされている。ここでは、大がかりな準備や高度な分析を要しないでも実際に学校現場の道徳科で取り組まれた事例をもとに紹介する。

（1）　記録分析による授業改善への気付き

道徳の授業改善に取り組んだ一例だが、これらの記録分析は道徳科以外においても活用できる。まず、誰にも心当たりがあるだろう教師のしゃべりすぎである。A先生自身が自らのしゃべりすぎに気付き授業改善につながる大きな要因となったのが図１に示したＳ－Ｔ分析と逐語録（本稿では省略）による自らの記録分析だ。Ｓ－Ｔ分析だけでも、しゃべりすぎへの気付きは見られるが、逐語録（授業全てでなく、例えば導入部分が長いと感じるなら導入部分を、中心発問後のやり取りが気になるならその部分のみでもよい）を併せて振り返ることで、より具体的なしゃべりすぎの文言や癖も明確に見えてくる。

A先生は、導入が長くなりすぎる傾向や発問・助言を繰り返すことに自ら気付き、そのような傾向になりがちな心理的背景を次のように語ってくれた。

「教師の話を理解できているのか、道徳的価値が深まっているのかといった不安、発問に対して意図した何か答えを求めようとしていたかもしれない。」

そして、Ｓ－Ｔ分析や逐語録の授業記録を振り返り、具体的な改善を幾つか試みた。例えば、立ち止まり読みを取り入れて教材の内容が理解しやすくなり範読

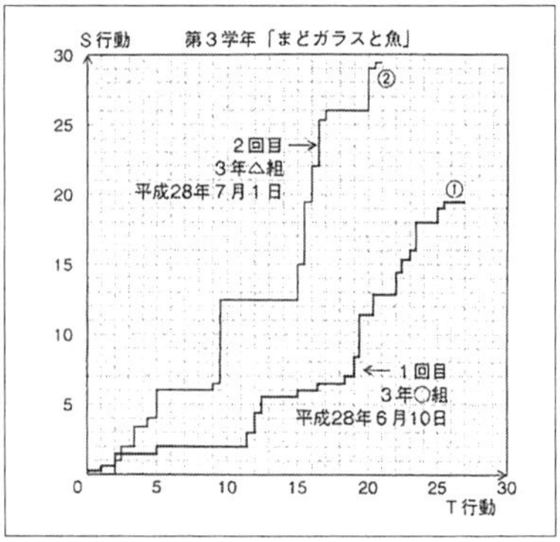

図１　A先生の道徳科におけるＳ－Ｔ分析

後の説明を減らしたこと、発問の精選や活動に関する指示を短く的確にと意識したことで、書く時間や発言等の活動時間が確保される改善が見られた。

　また、B先生は個別支援が必要な児童へのかかわり方の分析として、S－T分析と抽出児数名の30秒毎のインターバル記録を組み合わせて、個々の児童の授業への参加具合を見つめ直し、効果的な支援への改善につなげた。

　次に、C先生の机間指導や個別支援のかかわりに関する動きを記録した動線図（中一の道徳科における記録）を紹介する。図２の机中に記載した正の記録数は、右側が個別のかかわり回数で15回、左側が発言回数で12回である。授業では、ワークシートへの記入、班での話合い等、C先生が机間指導をする機会が主に3回見られた。授業後にC先生に個別支援を意識した生徒を聞き、自身の机間指導を振り返っていただき、その後に動線図を見せた。自身の感覚と記録から見たかかわりの実際では、かなり違っており新たな気付きや自分自身の思い込みに気付いたようだ。その後、C先生は座席表を活用して、机間指導で気付いた生徒の考えをメモして話合いに生かしたり、声かけした生徒や全く書けていない生徒を記録し個別支援に活用したり、自らの傾向を自覚し改善を図った。この実践は、C先生を道徳科に前向きにさせただけでなく、校内の若手教員にも広がっていった。

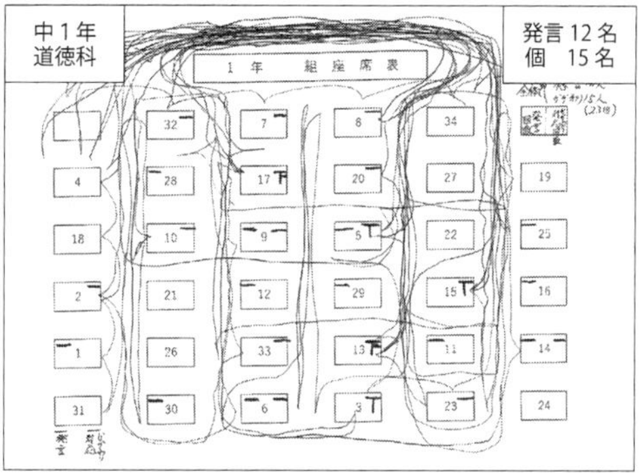

図２　C先生の道徳科における動線図（令和元年六月）

【引用・参考文献】

・廣瀬美由紀（2019）「道徳科におけるユニバーサルデザインの視点を取り入れた支援の一考察」香川大学教職大学院研究報告書

・藤田広一、吉本英夫（1980）「Binary表示による教師教育のための授業分析S－T授業分析」日本教育工学雑誌、＊S－T分析とは、授業中の教師（T）と子供（S）の行動を二つのカテゴリーで、両者の行動関係がどのように出現するかを、30秒毎の主体を記録し、各々の行動数、連の数、転換回数を算出し分析する方法。

（植田和也）

2　自己を見つめる活動を大切にした授業づくり
～道徳科の授業における自己内対話とは～

1　自己を見つめる活動が求められる背景

道徳の授業を振り返ると、「本当に深い学びができたのだろうか」、「自分事として考えたり自己を見つめたりできたのだろうか」と疑問を感じる。それは、生徒の記述に自己を見つめた内容があまり見られなかったからである。道徳教育に係る評価等の在り方に関する専門家会議報告（2016）では、「真正面から自分事として道徳的価値に多面的・多角的に向き合うことこそ道徳教育の質的転換の目的である（12頁）」と示され、自分事という言葉が使われた。そして、これまでの授業を見直し、道徳を自分事として学ぶために重要となってくる一つの視点が自己を見つめる活動であり、自己内対話ではないかと考える。

2　先行研究及び学習指導要領解説から見る自己内対話

先行研究における自己内対話の説明や表現を表1に示した。共通していることは、これまでの自分を見つめて問い直していくことだろう。また高知県道徳教育研究会では長年、自問・内省をキーワードに道徳の授業において自己を見つめることの重要性を追求されている。これらを踏まえ、中学校学習指導要領（平成29年告示）解説「特別の教科　道徳編」を確認すると、自己内対話という言葉は明記されていないが、道徳科の目標として「自己を見つめ」と記載されている。また、解説を読み進め

【表1　自己内対話に関する説明や表現】

発達心理学辞典（初版第6刷ミネルヴァ書房）	課題遂行の過程では、解決者は課題を解決しながら解決に向かって進行しているかどうか意識し、モニターしているが、この過程は、解決者としての自己が“もう一人の内なる自己”とやり取りし、あたかも「対話」しているように見えることから「自己内対話」とよばれている。
梶田（1990）	自分自身をテーマとして思考すること
永里・假屋園（2009）	絶対的視点と相対的視点を循環運動している状態
安藤（2011）	自問自答を通して自分なりの結論を導き出そうとすることであり、それは「思考」という行為そのもの
福岡市教育センター道徳研究室研究紀要（2013）	道徳的問題場面に働きかけ、よりよい生き方に対する自分の考えを深めていく過程で自問自答していく心のはたらき
柴原（2017）	自分が自分に自分を問う

ると、「他者との対話などを手掛かりとして自己との関わりを問い直すこと（15頁）」、「生徒自身が自己を見つめることによって、徐々に自ら人間としての生き方を育んでいくこと（16頁）」、「自分との関わりも含めて理解し、それに基づいて内省すること（16頁）」、「自己との対話を深めつつ、自分自身のよさを伸ばしていくようにすることが大切である（31頁）」、「自己や他者と対話することで、自分自身を振り返り、自らの価値観を見つめ、見直すことになる（94頁）」といった自己内対話に関わる表現も各所でみられる。

3　道徳科における自己内対話

自己内対話とは、これまで培ってきた自己を問い直しこれからどう生きるべきか考える行為で、自己理解を深めることである。まず、授業場面での自己内対話を大きく２つに分類することはできないかと下記のように考えた。

自己内対話（第１段階）：授業の中で多面的・多角的に見直す対象を準備する段階。その日扱われる道徳的価値を自分がどう捉えていたかを認識する。しまわれていたものを引っ張り出し机の上にありありと並べるイメージ。

例）命ってどんなものだろう、友情ってどんなものだろう、いじめは何を奪うだろう、自分は似たような場面でこれまでどうしてきただろう・・・。

自己内対話（第２段階）：自分とは異なる考えと交流する中で多面的・多角的な考察を加え、自己の生き方について考えを深める段階。道徳的価値を単に観念的に理解するのではなく、道徳的価値を含んだ事象や自分の経験、それに伴う考え方、感じ方を通して、困難さも併せて理解することが重要となる。

自己内対話における第１から第２段階への移行は、ボルノー（2001）のいう「内省の問い」（例えば、これまで多く考えることもなく正しいと思ってきた、ある行動の仕方が果たしてほんとうに道徳的な見地において正しいのかどうかを自問するとき）とも、ピアジェの「認知的均衡の拡大化」（人間は、認識の立場からいうと、たえず「均衡の破壊」を経験し、それを恢復することで生活している。一旦破壊された認知構造は、今までよりもより大きな均衡を作り出すことによってのみ再均衡に到達できる（波多野1991））とも通じるものである。

次に、鹿児島県総合教育センター長期研修研究報告書（2016）の「自己への問い掛け」の考えも参考に、第１段階と第２段階を各々２つのタイプに分類し、

表2に整理した。表2を基に名越（2005）を参考にして、道徳の授業における自己内対話のイメージを示したものが図1である。

これまで生きてきた過程で培ってきた基本となる考え方（現在自己）という意味では、1-Aも1-Bも同じであるが、1-Aは1-Bにおいて物事を判断するための枠組み、柴原（2016）の言葉を借りれば「理解の前の理解」ということになる。例えば、「友情は大切だ。」と考えている生徒が二人いた場合、厳密にはその二人が捉えている「友情」には違いがあるはずである。1-Aがあるからこそ、授業後半において自己の生き方を問い直し、自己を再構築する2-Bがより明確に生きてくるのである。1-Aの活動は、導入のみならず事前アンケートでも実施可能である。次に1-Bでは現在の自分がもつ道徳的諸価値の理解をもとに、自分ならどう考えるだろうかと教材をきっかけとして、その問いを自己の内に向ける行為である。この段階において自己をしっかり見つめることが、2-Aの活動で多面的・多角的に考える基盤となる。

2-Aの活動は表面上、他者との対話に焦点が当てられその活動が強調されることも多いが、その内では常に自己に問うという行為が行われている。更に言えば自己に問うということにこそ重要性があるとし、ここでは、自己内対話2-Aとしている。これまで絶対的と捉えがちな自己の考え方を相対的に捉え直す重要な機会となる場面である。ボルノーのいう「内省の問い」とも捉えられる。そして、これまでの自己の生き方を見つめ直し、再構築する2-Bはまさにピアジェのいう「認知的均衡の拡大化」でもあろう。

【表2　タイプごとの自己内対話の特徴】

過程	タイプ	概　要	生徒の意識（例）
事前 導入	1—A （現在自己）	理解の前の理解 現在の自己の考えに対する捉えの自覚	自分にとって友情とは何だろう？ 自分が考える友情とは○○だと思う。
展開	1－B （現在自己）	もし自分ならどう考えるか 現在の自己を信じて行う思考・判断	自分ならこの場面でどう考えるだろう？ もし自分が主人公ならどうするだろう？
	2－A （相対自己）	他者との比較における自己の問い直し/絶対的としていた自己の考えを相対的に捉え直す	○○さんは別のことを大切だと言っていたけど、なぜだろう？
終末	2—B （未来自己）	自己の再構築 自己のこれからの生き方を見つめる 今日の学びを自己に問う	○○さんの考えも必要だと思った。友情を大切にするのは難しいが、主人公と同じことができたらいいなと思う。

　最後に注意したいことは、1時間の授業で全てのタイプの自己内対話を位置づけるのではないということである。示したものは例示に過ぎず、教材分析を行い、どのタイプが授業展開に効果的と考えられるかを大切にしてほしい。

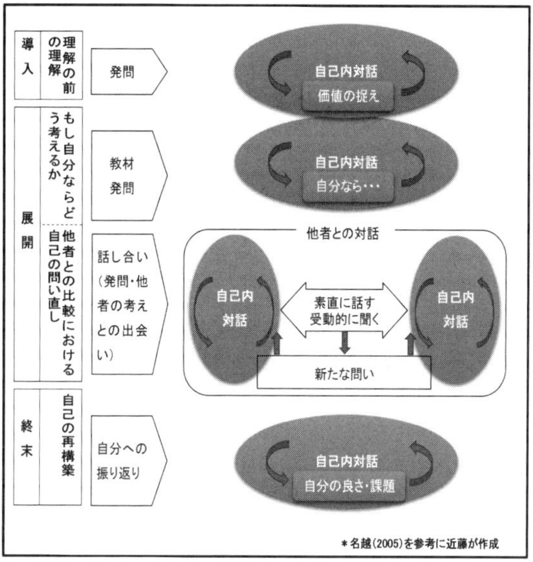

＊名越(2005)を参考に近藤が作成

図1　道徳科の学習指導過程における自己内対話のイメージ

【引用・参考文献】

・高知県道徳教育研究会（2015）第49回研究大会配布資料
・福岡市教育センター道徳研究室（2013）「自己の生き方を問いつづける道徳学習指導」平成24年度研究紀要：2頁
・安藤忍（2011）「自己を深く見つめ、自己の生き方についての考えを深める子どもの育成」『鹿児島県総合教育センター平成22年度長期研修報告書』：6頁
・梶田叡一（1990）『子どもの自己概念と教育（増補）』第3刷　東京大学出版会
・坂下泰洋（2016）「児童が他者とのよりよい関わりの中で自己への問い掛けを深める道徳の時間の在り方－「相互理解、寛容」の指導を通して－」『鹿児島県総合教育センター平成27年度長期研修研究報告書』
・柴原弘志（2016）『道徳教育の視座vol.6』廣済堂あかつき：23頁
・永里智広　假屋園昭彦（2009）「思考としての自己内対話の内容分析的研究」『鹿児島大学教育学部教育実践研究紀要』19巻：165-175頁
・名越早苗（2005）「道徳的実践力を高め、道徳的実践を促す道徳教育の展開　対話による道徳の時間の指導の工夫を通して―」『広島県立教育センター研究報告』
・波多野完治（1991）『ピアジェ入門』　国土社：177頁
・O.F.ボルノー著森田孝／大塚恵一訳編（2001）『問いへの教育』川島書店：185頁

（近藤広理）

３　多面的・多角的な思考を促す多様な指導方法の工夫

１　多面的・多角的な思考を促す必要性

「特別の教科　道徳」の目標に「物事を多面的・多角的に考え」が新たに加えられた。そして、評価の視点として次の２点が挙げられている。

①児童生徒がより多面的・多角的な見方へと発展しているか。

②道徳的価値の理解を自分とのかかわりの中で深めているか。

目標と評価の観点から「物事を多面的・多角的に考えさせる指導（授業）が行われているか」を検討する必要がある。「指導と評価の一体化」である。

では、これまではそのような指導は行われてこなかったのか。実際には行われてきている。例えば、児童生徒の意見に対する「問い返し」で見方を広げたり深めたりするなど、相手の立場で考えさせる授業である。

具体的な教材で考えてみたい。低学年の教材「はしのうえのおおかみ」は、おおかみが一本橋を渡る際に自分より小さいうさぎを威圧的態度で追い返したが、大きなくまの自分も相手も生かす言動にふれ、自分のこれまでの言動を見つめ直す話である。おおかみの気持ちを中心に考えるが、うさぎたちの気持ちやくまの気持ちについて考えさせる指導はこれまでもしているだろう。

よい実践がある一方で、「登場人物の心情理解のみに偏った形式的な指導」にならないことが求められている。では、どのような指導をしたらよいのか。

２　多面的・多角的思考を促す授業

まずは教師自身が教材分析を行い、多面的・多角的に検討を加えてみることである。そのうえで、ねらいを達成するために、必要な学習活動を選択したい。

具体的には次のような学習活動が考えられる。「発問により視点を変える授業」「他者との意見交流（対話）がたくさんある授業」「道徳的価値の対立がある教材を扱った授業」「思考ツールを活用した授業」のほか、「役割演技で役割を交代させる授業」等も挙げられる。これらを複合的に活用する授業もよい。

例えば、「はしのうえのおおかみ」（前掲）では「発問によって視点を変えること」は容易にできる。さらに役割演技をする際に、はじめにおおかみを演じた子にくまをやらせて感じ方の違いを発表させるなどの授業展開もあるだろう。

3　思考ツールを活用した道徳授業とは

「思考ツール」とは、考えを可視化したり整理したりする「考えを補助する道具・方法」である。すでに国語科や社会科をはじめ、さまざまな教科や総合的な学習の時間にも活用されている。「思考ツール」はその用途に応じてたくさんの種類があるが、ここでは「ウェビング」と「Yチャート」の活用方法を紹介する。

(1)　ウェビング

「ウェビング」（マッピング）とは、「思ったこと・考えたことを短い言葉で表し、さらに、その言葉からイメージする言葉・考えを発展させたり、つないだりするもの。思いを図で表現するものである（土田、2007）」。ウェビングを薦める理由は「多面的・多角的思考力の育成」だけではない。①教科等で学んだ思考ツールを活用する ②実生活に生きる思考ツールにすることが理由である。

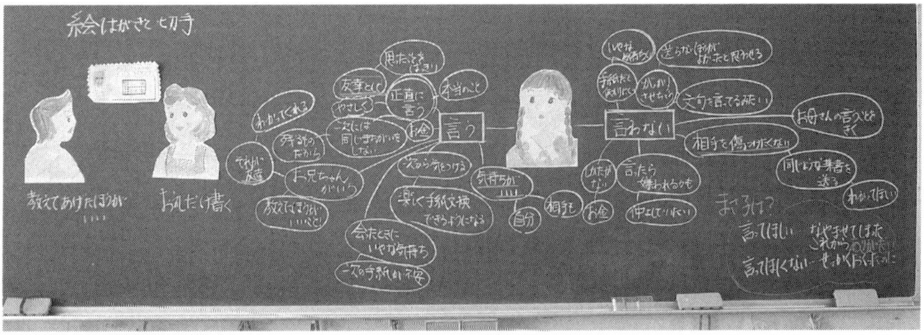

図1　ウェビング板書例（「絵はがきと切手」松田）

まず、「図で考える方法」（マッピング）は、すでに教科等で、活用されているが、子どもたちが身に着けた思考ツールを道徳の時間でも活用すれば、子どもも教師も比較的取り組みやすい。既習経験を生かすのである。次に、実生活ではさまざまな決断を迫られる場面が多い。決断する際に、ウェビングを活用して自分の気持ちを整理し、多面的・多角的に考えると、判断（意思決定）しやすくなる。ウェビングを自在に活用し、自分の生き方を考える思考ツールにしてほしいのである。学びを実生活につなげることこそ、これからの道徳教育に求められているのではないだろうか。

ウェビングは、拡散的思考・関連付け・情報整理に優れた思考ツールである。①短い言葉で簡単に表現できる②さまざまな角度から考えられる③本音が書きやすい④可視性に優れる⑤思考プロセスがわかりやすい⑥加筆ができる⑦自己評価の材料となる等が長所である。短所としては、①時間がかかる②（教師も子どもも）やり方になれる必要がある等が挙げられる。教師が「ねらいの達成のために」目的を持って活用することが重要である。

(2)　Ｙチャート（Ｙ字チャート）

「Ｙチャート」は三つの視点から問題を考えたり、情報を整理したりする方法である（Ｘチャートは四つの視点）。考える立場（視点）を決めて、それらの視点で情報を収集し、チャート図に整理することができる。

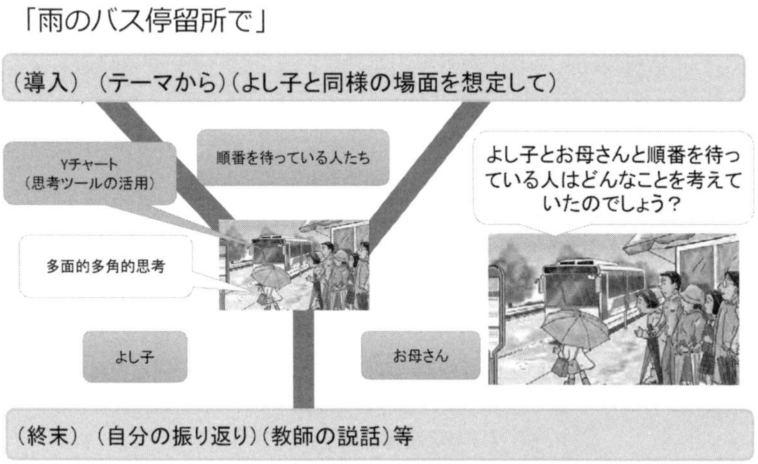

図２　Ｙチャートの活用例（「雨のバス停留所で」）

「雨のバス停留所で」という教材を活用した例では、ねらいを「規則の尊重」や「公共の精神」とした場合、主人公の「よしこ」や「お母さん」だけでなく、「順番を待っている人たち」にも視点をもたせることで考えやすくなる。

思考ツールの活用によって視点が明確となり考えやすくなる。さらに積み重ねをしていけば、子どもたち自らが思考ツールを選択できるようになるのではないだろうか。

4　他者との意見交流がたくさんある授業とは

「考え議論する道徳」を目指すために「グループワーク」を取り入れる授業が増えた。しかし、「何のために話し合うのか」が明確ではない授業を目にすることがある。授業のねらいを考え、活動の目的を明確にして実施したい。

(1)　ペアトーク

他者との意見交流としては「ペアトーク」がある。隣同士等、二人で自分の意見を伝えあったり、話し合ったりする方法である。話しやすく、言語化を通して自分の考えをはっきりさせることができ、全員の話す時間が確保される。短所としては二人だけなので考えが広がらない点が挙げられる。

(2)　グループワーク(デイカッション)

3～4人のグループで課題(テーマ等)について意見交流をする活動である。ポイントは全員の意見発表の場を確保することと話し合いの目的を明確にして実施することである。押しが強い子の意見に左右されやすいので、目的を明確にして多面的・多角的に検討する学習習慣を身に着けたい。まずは、全員の意見を尊重する姿勢を大事にしたい。

5　多面的・多角的な思考を促すには

教材を読んで第一次の考えを書くことを「宿題」にし、授業では議論(話合い・対話)の時間を多くするなど、他にもさまざまな指導方法がある。しかし最も大切なのは、教師自身が多面的・多角的な思考をすることである。そして、多面的・多角的な思考を促す「手立て(指導方法)」を知っていること・活用できることである。それが、「児童がより多面的・多角的な見方へと発展」する指導につながる。教師(指導)が変われば子どもも変わる。

【引用・参考文献】

・諸富祥彦・土田雄一(2020)「考えるツール&議論するツールでつくる小学校道徳の新授業プラン」明治図書、22頁

(土田雄一)

４　教材分析を大切にした道徳科の発問構成

１　教材分析の視点と発問及び発問構成

道徳科の教材は、教科書教材のほとんどが読み物教材である。このことを踏まえると、ここではまず教材分析の在り方、そして教材分析を受けて指導過程を構成する「発問」の吟味、最後に、その配列、並べ方を検討する。

まず、教材分析は教科書の読み物教材を虚心坦懐に読む、読み込むことからはじめる必要がある。読み込む際の視点は、教材で描き出されている道徳的な問題は何かを明らかにすることである。そのためには、教材の主人公（人間の場合もあるし動物の場合もある）の行為行動について筋を追いながら、または、時の流れに沿って読むことである。主人公は教材中で様々な振る舞いとともにその時々に感じたことや考えたことなどを述べたり、表情や行動に現したりしている。教材にはそれらが描き出されているのである。

また、教材を読み込む上で手がかりのひとつは、主人公の考えはキーワードとして名詞で表現されることが多い。また、その時々の気持ちは主人公の行為行動を修飾する副詞で表現される。例えば、『タッチアウト』（齋藤嘉則・作、廣済堂あかつき（2019））の一場面をここに引用して、その実例を確認したい。

「アウト！」
球審の大きな声が、僕の背中に響きました。
三塁側のスタンドから地鳴りのような歓声が沸き上がりました。
倒れてうつ伏せになった僕は、胸と地面に挟まれているミットにボールが入っていないのに気づきました。そしてボールがみぞおちの辺りにあるのが分かります。僕は、痛みで立ち上がれないというように顔をしかめながら、ミットを下にずらしてボールを素早くつかみました。
きっと倒れたときに落球したのです。
――アウトじゃないぞ。これはサヨナラ負けじゃないか・・・。

「ボールを素早くつかみました」の「素早く」は、主人公のこの時の気持ち、すなわち、「他の人に落球したことを気づかれたくない」という気持ちが明瞭に現れている。そして、それに続く、「アウトじゃないぞ。これはサヨナラ負けじゃないか・・・。」という所では、主人公の考えが表現されているのである。

このようにして、読み物教材を読み込み、主人公の思いや考え、そして、そこで取り上げられている道徳的な問題を明らかにすることが必要である。

ただし、道徳科の教材にはある特徴がある。教材は主人公を中心にその周辺にいる者たちの行為行動も含め淡々と、または生き生きと描き出されているのであるが、ある出来事、それは事件であったり、人との出会いであったり、自らの気づきであったりと、その時、その瞬間までのこととは異なることに遭遇して、今までの、そこまでの自分自身の行為行動を振り返る場面がある。

この場面を中心に主人公や、場合によっては、その周辺にいる者たちの行為行動が変容する。道徳的に変容することになる。その変容をもたらしたものは何か、主人公たちを突き動かしたものは何か、などについて児童生徒ともに教師も考えることになる。この場面が、「中心場面」といわれるもので、そこで発せられる発問が、「中心発問」といわれるものなのである。

ここまで説明した教材の構造を簡単に図示すると「図1：教材の基本構造」のようになる。この構造が道徳教材の一般的な構造なのである。この一般的な構造をした教材の分析は、「中心場面」、主人公の気持ちや考え、行為行動の変容を来す場面を特定することにある。まず、教材の基本構造を図解してみる。

主人公たちの
変容「**前**」の行為行動　→　［事件等　出来事］　→　主人公たちの
変容「**後**」の行為行動

（中心場面）

図1　教材の基本構造

「事件等、出来事」の場面が「中心場面」なのである。そして、その指導過程の概要を示すと次の「図2：指導過程A」（以後、「典型的な指導過程」と言う。）となる。「中心発問」では主人公の変容をもたらしたもの、主人公を突き動かしたものを問うのである。そこに至るまでに、例には「基本発問」がひとつおかれている。通常、この「基本発問」は１つか２つであり、その役割は、教材のあらすじや登場人物の確認、主人公の行為行動が変容する前の気持ちや考えなどの確認が行われ、「中心発問」につなぐのである。

段階	主な発問	児童生徒の反応	備考・評価
導入	問題意識の確認等 教材の提示＊教師の判読	教師の判読を聞きながら教材を黙読する。	
展開	基本発問 中心発問（中心場面）	・発問について考え、発言する。 ・児童生徒間で意見交換をする。	・話し合いを組織化する。
終末	「道徳ノート」	・「道徳ノート」に授業の振り返りを書く。	・評価資料のひとつとする。

図２　指導過程Ａ

２　「典型的な指導過程」によらない教材の分析

「典型的な指導過程」によらない教材の分析を行う。

前述の教材『タッチアウト』がそのよい例である。教材は、落球の場面に続いて、試合は進み延長戦で主人公のチームは辛くも勝利を手に入れる。そして場面は念願の東北大会に出発する仙台駅のプラットホームに移るのである。この間、教材は淡々と主人公の行為行動と内面の葛藤を描いてはいるが主人公の行為行動の変容はない。教材の最後の場面である。

（主人公は）新幹線に乗り込み、部員たちは見送りに来てくれた人たちへ窓越しに笑顔で手を振っています。（見送りには相手チームの選手もいた）
僕は早々にホームと反対側の窓側のシートに深く座り、腕を組んでうつむきました。
そのわずかな停車時間が、あのときのようにとても長く感じます。
新幹線は盛岡に向かってスピードを上げていきます。僕は、車窓に広がる空を、ただ眺めました。それは、あの日と同じ、雲一つない青く晴れ渡った空でした。

という文章で教材は終わっている。「早々にホームと反対側の窓側のシートに深く座り」とか、「車窓に広がる空を、ただ眺めました」という描写は、主人公のその時の気持ちを描いているが、ついぞ変容らしきものには至っていない。また、至ることができない、ということがここでの道徳的な問題として取り上げられ描かれている、ということなのである。

この場合の発問をどうのように考えるかである。実際にこの教材自体を通読願いたいが、ここでは、この最後の部分をもとに話を進めたい。前述したように主人公は自分の行為行動、判断を悔やんでいるのである。どうにもできない、悶々としているのである。それが全編にわたって記述されているのである。

ということは、この様な教材はどの部分を切り取っても「中心場面」となりうるのである。この教材は廣済堂あかつきの中学校２年生の教科書に掲載されている。中学生がこの教材を読んで印象深い箇所を「中心場面」とすることも可能なのである。この手の教材は、教材一読後に生徒に、感想を問うて、それから場面を焦点化する。そして、この主人公の行為行動について考えさせる、という「図３：指導過程Ｂ」を構成することができるのである。

教材判読

↓

感想発表　※話し合う場面（中心場面）を特定

↓

主人公の行為行動について考える　（中心場面）

↓

道徳ノート記述　＊この時間で感じたことや考えたことをまとめる

図３　指導過程Ｂ

【引用・参考文献】
・横山利弘（2007）「画餅からの脱却」暁教育図書
・廣済堂あかつき（2019）「中学生の道徳自分を考える２」教師用指導書実践編
・廣済堂あかつき（2019）「中学生の道徳」教師用指導書理論編

（齋藤嘉則）

5　特別な支援の必要な子どもへの配慮を生かした授業づくり

1　インクルーシブ教育システム構築の理念

「障害者の権利に関する条約」(2006国連採択、2014日本批准) では、インクルーシブ教育システム構築の教育理念が掲げられ、障害者への合理的配慮、すべての人へのユニバーサルデザインの定義が示された。

批准後の初改訂となった学習指導要領では、「通常の学級にも、障害がある児童 (生徒) のみならず、教育上特別の支援を必要とする児童 (生徒) が在籍している可能性があることを前提に、全ての教職員が特別支援教育の目的や意義について十分理解することが不可欠である」とし、「児童 (生徒) 一人一人の障害の状態等により、学習上又は生活上の困難が異なることを十分に留意し、個々の児童 (生徒) の障害の状態等に応じた指導内容や指導方法の工夫を検討し、適切な指導を行う」ことが総則編に明記されている。そして、各教科等の解説において、学びの過程において考えられる困難さに対する指導の工夫の意図、手立ての必要性が規定され、困難さに対する具体的な指導方法が例示された。

道徳科においては、「指導内容や指導方法について考える上では、個々人としての特性等から捉えられる個人差に配慮する」ことが重要であるとし、特性等による困難さに対する配慮例や、評価における留意点などが明示された。

2　特性等による困難さの状況と必要な配慮

以下は、「『特別の教科　道徳』の指導方法・評価等について (報告)」(平成28年7月) で示された「発達障害等のある児童生徒に対する道徳科の指導について (例)」を基に筆者が説明を加えたものである。

(1)　学習上の困難さ (LD等)

読み書きが苦手で、言葉の意味や正しい名称を知らなかったり誤解していたりすることが多い。また、文章の意図を読み取ったり意味が分からなかったり、或いは分かっていても文字で表現できないために答えられないということがある。道徳科においては、教材の読解や主人公の心情理解、自分の考えをワークシートや道徳ノートに表現する際につまずくことが予想される。

そのため、教材提示の際、教師の範読などの音声情報やふりがな等を付け加えたり、言葉の意味を丁寧に伝えたりすることが必要である。また、自分の考えを書いたり友達が書いたものを読み取ったりする文字言語に限定せず、自分の考えを話したことを教師が板書やメモするなど、口頭で表現したことを確認できるように書き残しておくことも有効と考えられる。

(2)　集中することや継続的な行動をコントロールすることの困難さ（ADHD等）

気がそれやすいために指示を聞き逃したり、話を最後まで聞いて答えることや順番を守ったりすることが困難である。また、思いつくままに行動して他者の行動を妨げてしまったり、注意の持続が短いために落ち着いて最後まで課題に取り組むことが難しかったりする。授業では、思いついたことをすぐに発言したり、長時間の座学には耐えられなかったりすることが予想される。

そのため、まずは注意がそれないように刺激を減らした教室環境を整える。そして、適度な時間で活動を切り替えたり、「あと３分」など短期的で具体的な見通しを示して努力できるようにしたりするなど、注意が持続できるように工夫する必要がある。また、道徳科で活用する役割表現など動きのある活動や友達と話し合う活動を意図的に取り入れることで、集中して自分の考えを表現できる機会や場を設け、その都度称賛するとよい。

(3)　他人との社会的関係の形成の困難さ（自閉スペクトラム症等）

相手の気持ちを想像することが苦手で字義通りの解釈をしてしまい、暗黙のルールや抽象的なことが理解できない傾向にある。また、こだわり行動または感覚過敏により、望ましいと分かっていてもその通りにできないことがある。教えられたことはずっと続けることができる反面、誤って学習したことの修正が難しい。道徳科においては、登場人物の心情を想像したり、言動から気持ちを推測したりすることに困難さがある。また、教材に書かれていない行間を読み取ったり、続き話を想像したりすることも難しいことが予想される。

そのため、他者の心情を理解するために役割を交代して動作化や劇化したり、教材をわかりやすく伝えるためにイラストにしたりせりふを書き込んだりする工夫が必要である。目に見えない葛藤や判断を表現する場合には、心情円盤等の視覚的ツールを操作して自分の考えを見える形にした後、「どうして○

色の気持ちがこれだけあるのか」と、どちらの色の分量に注目するかを明確にした問いかけをすることで、自分の考えを話すことができる。

3　すべての子どもたちにわかるユニバーサルデザインの道徳授業

通常の学級には、発達障害等だけでなく、多様な困難さや困り感を抱えている子どもたちもいる。そこで、前述の困難さに対する配慮を常に意識して、学級全体に対してユニバーサルデザインの授業に取り組んでほしい。

ユニバーサルデザインの授業とは、障害の有無にかかわらず、学級の子どもたち全員が「楽しく、わかる、できる」授業であり、つまずきのある子には「なくてはならない」支援であると同時に、学級の他の子どもたちにとっても「あると便利な支援」を目指す授業である。個々の「授業参加」を保障するためには、まずは、学級全体に対してユニバーサルデザインの授業を行い、それでもつまずく子どもに対しては、一斉指導の中で個別に配慮を行うのである。

学級の中でつまずいている子どもを意識し、その子のための手立てを学級全体に対して行う。例えば、道徳科においては次のような手立てが考えられる。

①　聞くことが苦手な子のために、発言を要約して繰り返してから板書する。

②　書くことが苦手な子のために、隣の子と互いに自分の考えを出し合わせてからワークシートに書くように指示する。

③　心情を考えることが苦手な子のために、登場人物のやりとりを劇化したり動作化したりして、登場人物になって考えさせる。

あくまでも一例であるが、個を意識した授業を行うことで、教師は指示や板書一つ一つに気を配るようになる。理解できる発問や指示をするためには、言葉を精選して発するようになり、自然と教師が話す時間が短くなる。つまり、ユニバーサルデザインの道徳授業は、無駄を省いたわかりやすい授業である。

4　特別支援学級や通級指導教室における指導

インクルーシブ教育システムにおいては、同じ場で共に学ぶことを追求するとともに、個別の教育的ニーズのある児童生徒に対して、その時点で最も的確な指導を提供できる特別支援学級、通級指導教室等の連続性のある「多様な学びの場」を用意することも重要である（中教審2016）。

交流学級や通常の学級の道徳科において、友達の意見を聞いて多様な考えを知り、自分を振り返ることはとても大切である。一方で、特別支援学級等での個に応じた手立てや支援が、通常の学級での指導の参考になることもある。例えば、自分の気持ちを表現したり他者の気持ちを想像したりすることが苦手な子に対して、表情からその時の気持ちを考えて言葉とつなげる表情カードを用いることがある。これは、自立活動のみならず、各教科等においても活用することができ、これを手がかりとして、自分や登場人物等の気持ちを考えて、話したり書いたりすることに発展させていく。

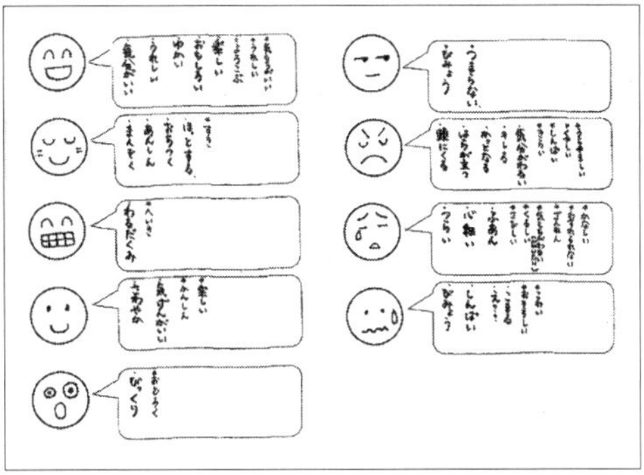

【特別支援学級での表情カード例】

また、道徳科だけでは道徳的価値の理解が難しい場合には、教材を通して学んだことを日常生活につなげていくために、社会的スキルや人とのかかわり方を個別や小集団で指導する場が必要となる。自立活動において、具体的な日常場面でどのように声をかけたり行動したりするか、実際に練習したりその時の気持ちを確認したりするソーシャルスキルトレーニング（以下、SST）を行うことも効果的である。SSTは、単にスキル（行動）だけを学ぶものではなく、そのときの状況判断（認知）や気持ちのよさ（情動）を同時に学ぶ。スキルを使うことで「気持ちよかったから、またやってみよう」ということを押さえる学習であり、これが道徳性を育てることや日常の実践へとつながっていく。

【引用・参考文献】

・「共生社会の形成に向けたインクルーシブ教育システム構築のための特別支援教育の推進（報告）」（中央教育審議会平成24年7月）
・「『特別の教科 道徳』の指導方法・評価等について（報告）」（平成28年7月）　別紙4
・文部科学省「小学校学習指導要領解説　総則編」（平成29年7月）106-108頁
・文部科学省「小学校学習指導要領解説 特別の教科 道徳編」（平成29年7月）11頁、113-114頁

（山本木ノ実）

6　情報モラルに関する教材を扱う際に大切にしたい点

1　情報モラルの定義と内容

今日、ますます多様化・複雑化する児童生徒のインターネット（以下、ネットと略記）トラブルへの対応にあたって、情報モラル教育の充実は極めて重要かつ喫緊の課題である。学習指導要領解説　総則編において、情報モラルは「情報社会で適正な活動を行うための基になる考え方と態度」と定義され、「教科等の枠を超えた全ての学習の基盤となる資質・能力」の一つと位置付けられている（文部科学省、2017a：85頁）。その具体的内容は、情報社会の倫理、法の理解と遵守、情報の安全な利用と危機回避、情報セキュリティ、情報機器の使用と健康との関わりなど多岐にわたるが、特に道徳科においては、情報社会の倫理や法の理解と遵守が中心的に扱われることが想定されている（文部科学省、2017b：99頁）。

森山ら（2020）は、情報モラル問題の中でも、特に「メールやSNSなどによる友人関係のトラブル」や「ネットいじめ」は、発生頻度が高い反面、教員は指導に困難を感じていると報告している。一方、玉田・松田（2004；2009；2014）は、技術の進化に伴って一見複雑で多様に見える情報モラルに関わる問題も、その多くは日常のモラルの問題であり、その本質は対面状況における道徳と何ら変わらないと主張している。その上で、教員が修得すべき情報モラルの指導内容には、「情報化が進展しても変化しない（不易な）問題と、情報技術が進化することによって変わる技術的側面に依存する（変化する）問題」（玉田・松田、2014：11頁）とがあるとし、教員自身がこれら不易な問題と変化する問題という構造を理解することで、情報モラルの内容と、従来の道徳的内容とを関連づけた指導が可能になると指摘している（松田・玉田、2004、2009、2014）。

玉田らはこうした理念を基に、具体的な指導方法として「3種の知識による情報モラル指導法」を提案している。この指導法は、従来の道徳教育で指導してきた「道徳的規範知識」に、状況判断の材料となる「情報技術の知識」を加え、それらを組み合わせて判断するための視点や考え方となる「合理的判断の知識」

を指導することによって、児童生徒の情報社会における適切な判断力の育成を目指すものである。玉田らは、これら３種の知識の多くは変化しない「不易なもの」であるとし、情報モラルを指導する際に大切にしたい点として、技術の進展に伴う表面的な機器やサービスの変化に惑わされずに、不易である従来の道徳教育における指導内容が情報モラル教育においても同様に大切であるとの認識をもつことを挙げている。その上で、ネット上でのコミュニケーションに関わる独自の（しかし不易な）特性について指導し、子どもたちはそれらの特性が対面状況とは異なるどのような効果をもたらすのかを理解することで、オンライン状況における適切な判断が可能になるという（玉田・松田、2009）。今日多くの児童生徒は様々な場面でネットを利用していることから、自らの経験を振り返りながら、情報化の功罪について十分に考え、議論することを通じて、情報利用における主体的・自律的な態度を身につけさせたい。

2　留意すべきネットの不易な特性とその影響

(1)　ネットの匿名性について

先述したとおり、従来の道徳教育の中で大切にしてきた点を踏襲すると同時に、ネット独自の不易な特性とその影響について理解することが大切である。ポルナリとウッド（Pornari & Wood, 2010）は、対面状況とは異なるネットいじめ独自の特性として①匿名性、②無境界性、③群集性の３点を挙げている。

ネット上の匿名性については、いくつかの水準に分けて考えることが可能であるが（Morio & Buchholz, 2009）、児童生徒のネット上のコミュニケーションに深く関わるのは、最も低次かつ基本的な水準である「視覚的匿名性（非対面性）」である。コミュニケーションの相手が目の前にいないという視覚的匿名（非対面）状況は、今日の児童生徒間のネットいじめやネットトラブルの中心的な場の一つであるLINE等の通信アプリでのコミュニケーションに代表され、道徳科における情報モラル教育の題材としても用いられることが多い。

この非対面性による影響の一つがコミュニケーション相手の不確実性である。相手が目の前にいないため、その人物が本当に自身が想定している人物であるのかどうかが分からないのである。いわゆる「なりすまし」問題とも関連して、非対面状況下では、たとえそれが友人を名乗る人物であっても、安易に相手を信頼することが時に危険を伴うことを理解しなければならない。

非対面性による二つ目の影響は、相手の表情や身振り手振りなどの、いわゆる非言語的情報の欠如である。私たちは通常、他者に自身の感情を伝えたり、相手の感情を読み取ったりする際に、この非言語的情報を手がかりとして使う（深田、1998）。つまり、非言語的情報が欠如したコミュニケーションでは、感情の相互交換が難しく、誤解や勘違いが生じやすいのである。自身の発言が、本来の意図とは異なる形で解釈されてしまったことで、相手を不快にさせてしまったという経験をもつ者は少なくない。こうした場合、発言者本人は無自覚なままに、トラブルに巻き込まれてしまうこともあるため注意が必要である。

非対面性による三つ目の影響は、社会的衝撃（Latané, B., 1981）の低下である。一般に、①相手の社会的地位や立場が上がるほど、②相手との空間的接近度が近いほど、そして③相手の人数が多いほど、相手の影響力は増すと言われる。非対面状況においては、少なくとも二つ目の要素（相手との空間的接近度）による衝撃は大幅に軽減される。相手がそこにいるという感覚である社会的存在感の低下や、相手に対する対人的な緊張感の低下が、相手に対する思いやりや配慮や気遣いを欠いた言動を招いてしまうのである。

非対面性による四つ目の影響は、自身を匿名と思いこむことによる道徳不活性化である。ネット上では、何かしら活動すれば必ずその足跡（ログ）が残り、その足跡を辿ることで、例えば、特定の書き込みがいつ、どこで、誰によって書き込まれたのか、その個人を特定することが可能となる（折田、2009）。ところが、ネットの仕組みにそれほど詳しくない利用者は、「バレない」「特定されない」という誤った認識のもと、他者に対して安易で不用意な誹謗中傷等の発言をしてしまうのである（竹内・戸田・高橋、2015）。

(2)　ネットの無境界性について

ネット上での不適切な発言・投稿の背景要因として、ネットの特性の一つである無境界性に対する不十分な認識も挙げられる。安易な投稿によって不特定多数の人を不快にさせ、ネット上で非難に晒されたある学生は、自身が行った投稿について、「拡散するつもりはなく、ただ身近な友人と共有したいだけだった」と後に語った。この事案は、本人が想定した閲覧者（身近な友人）と、実際の閲覧者（ネット上の不特定多数の人）との間に大きな隔たりがあったことが要因の一つである。児童生徒たちが通常利用する範囲のネット世界の多くは、「誰でも、いつでも、どこからでも」アクセス可能な世界である。たとえ仲間内で楽しんでいるつもりでも、その情報は本人たちの意図に反して世界中に拡散される可能性があること、そして一度拡散された情報の完全な回収は不可能であることを十分理解しなければならない。

(3)　ネットの群集性について

ネット上で特定の言動をした個人に対して、不特定多数の人々が一斉に非難する発言を繰り返す（いわゆる“炎上”）事態を見聞きすることは少なくない。時に度を越した誹謗中傷や、差別的発言にまで発展することもあり、関わればリスクは大きい。千葉（2011）は、こうした炎上の背景要因として、ネットには同じ価値観を持った人々を結びつけやすい特性があることを指摘している。同じ価値観を共有する集団が、自分たちとは異なる価値観による言動を目にしたとき、その相手を「誤っている」と一方的に決めつけ、非難するのである。しかしながら、価値観を異にする個人に対するこうした一方的で無分別な非難行為は、「加害行為」でしかなく、決して許されるものではない。

3　おわりに

道徳科における情報モラルの指導にあたって最も重要なことは、ネット世界でも、現実世界でも、児童生徒が理解・実践すべき道徳的諸価値に違いはないということである。その認識に立った上で、本節で紹介したネット上での道徳的実践を妨げる要因になり得る

ネット独自の特性について理解を促し、ネット上での適切な道徳的判断力と実践力の涵養を目指したい。

【引用・参考文献】

・折田明子（2009）「ネット上のCGM利用における匿名性の構造と設計可能性」『情報社会学会誌』4（1）：5-14頁
・警察庁（2012）『平成24年上半期におけるインターネット・ホットラインセンターからの通報による違法情報の検挙状況等について』平成24年10月11日広報資料
・竹内和雄・戸田有一・高橋知音（2015）「青少年のスマートフォン&インターネット問題にいかに対処すべきか－社会と教育心理学との協働に向けて－」『教育心理学年報』54：259-265頁
・玉田和恵・松田稔樹（2004）「「3種の知識」による情報モラル指導法の開発」『日本教育工学会論文誌』28（2）：79-88頁
・玉田和恵・松田稔樹（2009）「3種の知識による情報モラル指導法の改善とその効果」『日本教育工学会論文誌』33：105-108頁
・玉田和恵・松田稔樹（2014）「教師が修得すべき情報モラル指導内容の検討」『Informatio: 江戸川大学の情報教育と環境』11：9-15頁
・深田博己（1998）『インターパーソナルコミュニケーション』北大路書房
・森山潤・二木唯斗・黒田昌克・中尾尊洋・小倉光明・山下義史・近澤優子（2020）「高校共通科目「情報」における情報モラル指導に対する担当教員の困難感」『兵庫教育大学研究紀要』56：31-38頁
・文部科学省（2017a）『中学校学習指導要領（平成29年告示）解説　総則編』
・文部科学省（2017b）『中学校学習指導要領（平成29年告示）解説　特別の教科道徳編』
・Latané, B.（1981）“The psychology of social impact”, *American Psychologist*、36（4）： 343-356
・Morio, H. & Buchholz, C.（2009）“How anonymous are online? Examining online social behaviors from a cross-cultural perspective”, *AI and Society*, 23（2）： 297-307
・Pornari, D.C. & Wood, J.L.（2010）“Peer and cyber aggression in secondary school students: The role of moral disengagement, hostile attribution bias, and outcome expectancies”, *Aggressive Behavior*, 36： 81-94

（金綱知征）

第3章

「特別の教科　道徳」
の実践事例

1 小学校第1学年での実践事例

1 教材名 おじいちゃんのたんざく(出典「新・みんなのどうとく」学研)

2 主題名 じぶんへのねがいごと(D 生命の尊さ)

3 ねらい 主人公になって祖父の気持ちや母の思いを考えることを通して、自分の成長を願う家族の愛情があったことに気付き、今後の自分の成長に自分なりの願いをもとうとする心情を育てる。

4 教材のあらすじ

七夕の短冊に欲しいものを幾つも綴るまきおに、お母さんは、毎年大事にとって置いているおじいちゃんの短冊を見せる。その短冊には、まきおの成長をひたすら願う思いが綴られていた。おじいちゃんの愛情に触れたまきおは、自分の短冊の願い事を書き直す。

5 教材活用で大切にしたい点

まきおの存在自体を喜び健やかな成長を願うおじいちゃんの短冊を読んだ場面を中心場面として、まきお自身の短冊と比較し、表情カードを用いて、まきおになって思いを語り合うことで、家族のありがたさや生きていることは当たり前ではないということ、自分自身を成長させていくことが家族の喜びや生きている証につながるということに気付かせたい。

6 授業実践における工夫や意識した点

(1) 総合単元的な道徳学習

本校では、他教科や行事、生活目標と関連付け、別葉「ハートフルプラン」を作成している。生命の尊さを考える教材を意識的に集中的に配列し、アサガオの世話や体育の水遊びとつなげてきた「大切な命カード」を振り返り、「今日の〈命を大切にする〉を見つけよう」と見通しがもてるようにした。

(2)　交流における教師の支援

一年生の6月は、まだ十分に思考して言葉で表現することが難しいことから、3種類のまきおの表情カードを作り、選んだ表情とその理由を話し合う活動を取り入れた。終末では、まきおになって書き直した短冊をおじいちゃんに見せに行く場面を発表し合い、教師がおじいちゃん役になって書き直した理由を尋ねたり、まきおの存在自体を喜び健やかな成長を願う思いを伝えたりすることで、より中心価値に関わる気持ちを引き出したいと考えた。

(3)　終末における補助教材の活用

事前に保護者に依頼しておいた、「我が子の成長を願う短冊」を授業の終末で封を開けて読むことで、さらに自分事として家族への感謝の気持ちをもち、よりよい自分になりたいという心情を高めたいと考えた。

7　指導の実際

学習活動	主な発問と実際の児童の反応	留意点・支援
1　七夕について話し合う。	**(基)もうすぐ七夕ですね。短冊に願い事を書いたことのある人はいますか。** ・リカちゃん人形がほしい。 ・ゲームがもらえますように。	・「大切な命カード」を振り返る。 ・七夕のBGMを流し、笹を見せながら、教材文へつなぐ。
2　絵話を聞き、学習問題をつくる。	**(基)自分のことではない願いごとを書いた人を見つけましたか。** ・おじいちゃんだよ。まきおのことを書いていた。 ・どうして、自分の願いじゃないのかな。	・絵話で立ち止まり読みをしながら、児童が主人公に自我関与しやすくする。
(め)おじいちゃんの短冊には、どんな気持ちがこめられているのだろう。		
3　まきおが短冊を書き直した理由について考える。	・私も食べさせてもらっていた。 ・全部食べなさいって言われる。 ・僕も怪我した時、心配してもらったなあ。 ・元気に育ってほしいと思っている。 ・まきおが嬉しいと嬉しい。	・短冊を読む際に、幼い頃の写真や小さい靴を見せ、まきおを思う気持ちに気付きやすくする。
(1) おじいちゃんの短冊を読んだ時の気持ち	**㊥おじいちゃんの短冊を読んで、まきおさんはどんなことを考えたでしょう。** A児：泣いている。おじいちゃんは、ぼくのことばかり考えてくれていたのに、自分は好きな物だけ書いたから。	・泣き顔、驚いた顔、笑顔の表情カードを使い、まきおの気持ちを語りやすくする。

	(補)おじいちゃんの欲しい物は何？ ・まきおの元気。 ・優しい気持ち。 ・まきおとの絆。 B児:びっくりしている。自分のことを願ってくれていたから。 C児：泣いているけれど嬉し涙。ぼくのことを願ってくれていたから、おじいちゃんのことも考えないといけない。 ○補補でも、一年に一回だけ願ったんでしょう。 ・ずっと。6歳になるまで。 ・いつでも。	←おじいちゃんの欲しい物は「物」でないことがはっきりと分かるようにするため。
(2) 短冊を大切にとっておいた母の思い	**(基)お母さんは、どうして今までの短冊を大切にとっておいたのでしょう。** ・大事だから。宝物だから。 **(補)短冊が大事ってこと？** ・おじいちゃんの気持ちが嬉しくて大事。だから、思い出。捨てられない。	←ひたすら孫を思い続ける祖父の気持ちを理解しにくいと感じたため。 ・祖父の短冊のそばに母の挿絵を加え、祖父と同じ思いであることを視覚化し、愛情に包まれていることを伝える。
(3) 短冊を書き直したまきおの気持ち (役割演技) 	**(基)おじいちゃんの願いを知ったまきおさんは、どのように短冊を書き直したのでしょう。** D児：強く優しくなりますように。 **(補)どんな気持ちで書き直したんだい。** ・優しい気持ち。 ・自分のことだけ考えるんじゃなくて、みんなのことを考えて書いたと思う。 E児：楽しく怪我なく元気に育ちますように。 **(補)おじいちゃん、どんな顔したらいい？** ・喜ぶ！願ってくれていたからね。	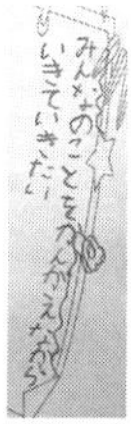 ・家族の願いに応えるために、自分自身に視点を移し、どんな自分になって生きていきたいかを問う。
4 家族からの短冊を読み、次時につなぐ。 	**(基)家族からの短冊を読んで、どう思いましたか。**  ・「小学校が大好きになりますように」って書いてくれていて（涙ぐむ）嬉しかった。 ・私のことを思ってくれているんだ。ありがとうと思った。 ・「何でも元気に頑張れますように」を読んで、頑張る自分になりたいと思った。 ・思いやりのある子になりたい。	・家族からの短冊を読むことで、自分への愛情や成長を願う思いを実感できるようにする。 ・短冊を「大切な命カード」に貼り、本教材の内容に関わる絵本を読むことを予告する。

みんなが大事に育ててくれたから大きくなったんだなあ。ありがとう。がんばって、自分をよくしていきながら、もっと大きくなっていきたいよ。

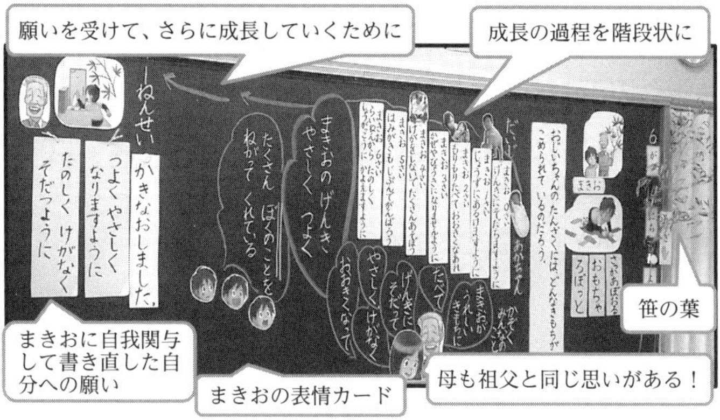

8　授業実践を通して

入学したばかりの1年生が中心発問で思考し、自分事として思いを表現していく支援として、表情カードは有効であった。同じ表情を選んだ友達でもその理由は異なり、友達の考えを聞き比べて話し合うことにつながった。役割演技では、教師はおじいちゃん役として喜びを豊かに表したり、言葉に隠された思いや理由を引き出したりしたが、更に、フロアーの児童に広げ、全体交流で考えを深める力が問われると感じた。児童がいかに自分自身を見つめ、他者と対話しながら生き方を思考し続けることを楽しむ授業を模索し、これからも、児童と共に授業をつくっていきたい。（有馬葉子）

有馬先生の実践に学んで　植田和也

1年生にとって、「生命の尊さ」は、実感や納得を伴って理解することは容易ではない。そこで、自分のこととして考えられる支援がより重要である。有馬先生の実践では、道徳科で集中できる工夫、自分のこととして考える多様な支援が見られる。例えば、絵話での立ち止まり読み、短冊の内容を比較して考える活動、表情カードの活用、役割演技、家族からの短冊を読む活動など、活動へのきめ細やかな支援や配慮事項が道徳的な価値理解を支えていると言えるだろう。さらに、「ハートフルプラン」による総合単元的な道徳学習の実践は、アサガオの世話など、児童の体験的な学びを生かした道徳科の授業づくりにもなり、子どもたちの命を大切にする意識を着実に育んでいる。

2　小学校第２学年での実践事例

1　教材名　だっこしながら（出典「新・みんなのどうとく」学研）

2　主題名　いきていること（D 生命の尊さ）

3　ねらい　生きることのすばらしさに気付くことを通して、かけがえのない生命を大切にしようとする心情を育てる。

4　教材のあらすじ

主人公のぼくが、生後３カ月のいとこの赤ちゃんを抱っこしながら考えたことや、お母さんから自分が生まれたときの話を聞き、自分は命を大切にできているかを考える教材である。

5　教材活用で大切にしたい点

低学年の「D 生命の尊さ」は、生きることのすばらしさを知り、生命を大切にすることである。この段階の児童は、生命の尊さを知的に理解するというより、日々の生活経験の中で生きていることのすばらしさを感じ取ることが中心である。指導では、当たり前のことで見過ごしがちな「生きている証」を実感させるとともに、自分の誕生を心待ちにしていた家族の思いや、自分の生命に対して愛情をもって育んできた家族の思いに気付き、自分の生命そのもののかけがえのなさに気付けるようにすることが大切であると考える。

6　授業実践における工夫や意識した点

○他教科との関連と保護者との連携

生活科の学習で、自分自身の成長を振り返り作品にまとめる学習がある。この学習ではお腹の中の赤ちゃんについても児童は学んできた。そこで、生活科と道徳を関連付けながら、内緒で保護者に手紙を書いてもらった。内容としては、お子様を小さな命として授かった時の喜びやお腹で大きくなっていった時のエピソード、生まれてくることを家族みんなで待ち望んでいたこと等、写真などを交えて書いていただいた。その保護者の手紙を授業の終末に読むことで、生命の大切さについての思いをさらに深めさせるようにした。

7　指導の実際

	学習活動と主な発問	児童の実際の反応	教師の支援
導入	1. 心臓の音を聞いて何の音か予想する。	・太鼓、飛行機、風、心臓など・ドクン ドクン ・速く動いている感じ	・心臓の音だと知らせてから、どんな感じがするかを聞いた。 
	いのちの大切さについて、考えよう		
展開	2.「だっこしながら」を読み考え話し合う。 ①生まれて3カ月の赤ちゃんを抱っこしたとき、ぼくはどんなことを考えたでしょう。 ②お母さんから生まれたときの話を聞いた「ぼく」はどんなことを思ったでしょう。 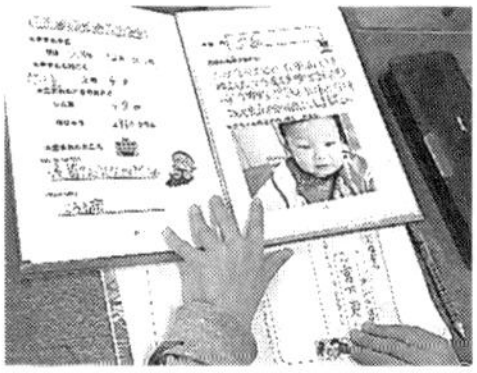	・嬉しい ・あたたかい ・心臓が動いている ・こんなに小さくても笑うんだ ・可愛いなぁ ・とても小さかったんだ ・家族みんながぼくの誕生を待っていてくれていたんだ ・名前に意味や願いがこめられているんだ ・涙が出るくらい喜んでくれたんだ ・頑張って生んでくれてやっと誕生したんだ	・「お腹の中の赤ちゃん」の学習で、赤ちゃん人形を抱っこしたことを思い起こして考えさせた。 ・自分が生まれたときのことを「大きくなった自分」のファイルを見ながら振り返り、ぼくの気持ちを考えさせた。 ・隣の児童とペアで話し合ってから、ワークシートに書かせるように助言した。
	3. 自己を見つめ、生き方について考えを深める。 ①自分の生命はどんなときに大切にされていると感じますか。	・家族に大切にされているということが分かった時。 ・自分が頑張ったことをほめてくれた時。 ・病気になったときにすごく心配された時 等	・「せかいでいちばん大切なもの」の学習で書いたワークシートを振り返り、発表させた。 ・補助発問で、「どんな言葉を言われたり、どんなことをしてもらったりしたときに大切にされていると思いますか」と問いかけをした。

終末	4. お家の人からの手紙を読み、感じたことを書こう。	・こんなに大事におもってくれていたんだ ・命の大切さを感じた ・両親は僕のことを愛している　等	・保護者からの手紙を渡し、読んで思ったことを書き発表させた。

＜本時の板書＞

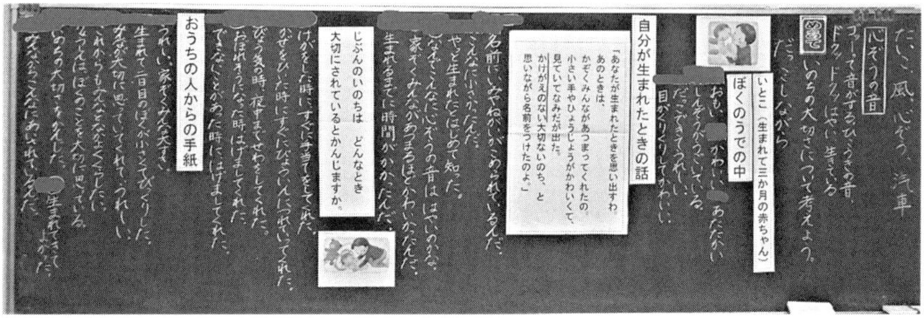

8　授業実践を通して

導入で赤ちゃんの心臓の鼓動を聞かせることにより、本時のねらいである生命の大切さへの興味付けを図った。

展開では、生活科で自分が生まれてから今までそして未来へ向かって成長していく様子を「大きくなった自分」としてファイルにまとめてきているので、自分が赤ちゃんだった時のことを思い出させて「ぼく」の気持ちを追体験させる一助とした。そのため、教材文のぼくの気持ちに自分の気持ちを重ねながらワークシートに書く児童が多くいた。また、自己の生き方を見つめる場面で

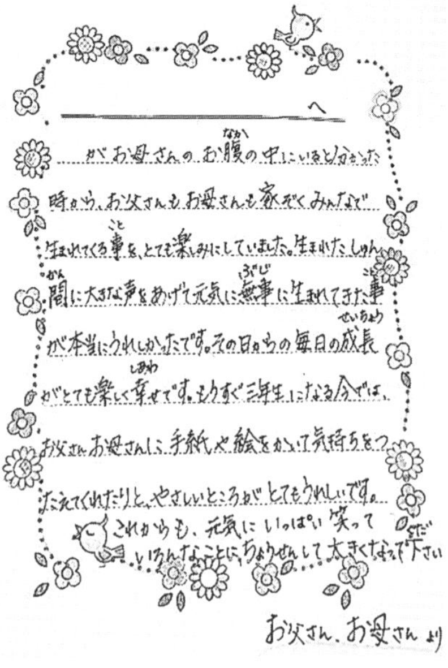

へ

がお母さんのお腹《なか》の中にいると分かった時から、お父さんもお母さんも家ぞくみんなで生まれてくる事《こと》を、とても楽しみにしていました。生まれたしゅん間《かん》に大きな声をあげて元気に無事《ぶじ》に生まれてきた事《こと》が本当にうれしかったです。その日からの毎日の成長《せいちょう》がとても楽しく幸《しあわ》せです。もうすぐ三年生になる今では、お父さんお母さんに手紙や絵をかいて気持ちをつたえてくれたりと、やさしいところがとてもうれしいです。

これからも、元気にいっぱい笑って

いろんなことに、ちょうせんして大きくなって下《くだ》さい

お父さん、お母さん　より

【保護者からの手紙】

は、これまでにも東日本大震災をテーマとした題材で生命の尊さの学習をしているので、そのときのことも想起させながら、授業を進めた。

終末でお家の人からの手紙を読む場面では、サプライズだったので、大変驚き、でもお家の方をちらちら見ながらとても嬉しそうに読んでいた。中には、読みながら涙ぐむ児童もいた。下記のような表現も見られた。

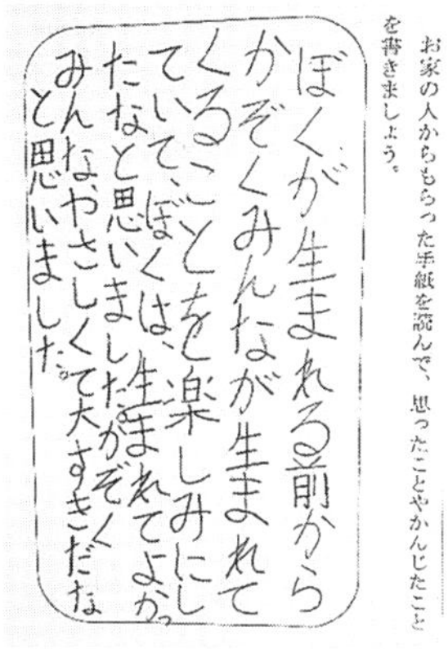
お家の人からもらった手紙を読んで、思ったことやかんじたことを書きましょう。
ぼくが生まれる前からかぞくみんなが生まれてくることを楽しみにしていて、ぼくは、生まれてよかったなと思いました。かぞくみんなやさしくて大すきだなと思いました。

【児童の表現物】

・みんなが大切に思っていてくれて嬉しい。生まれてきてよかった。
・これからももっと元気に大きくなりたい。
・みんながぼくの誕生をこんなに待っていてくれていたんだ。

この年齢の児童は自分の生命の大切さをあらためて考える機会が少なく、命はあって当たり前であり、そのかけがえのなさを実感することは少ない。しかし本時を通して、自分は身近な人々にとても愛され、大切にされていることを知ることで、２年生の児童なりに、生命の大切さを感じることができたと思う。

（進藤澄子）

進藤先生の実践に学んで　　植田和也

教材を如何に自分のこととして捉えられるか、道徳科における重要なポイントだが、児童も教師もその手応えを実践において感じたいものである。

進藤先生の実践から、学び考えた道徳的価値を自分のこととして、しっかりと心に刻んでいる展開・終末の児童の姿や表情が想像される。自分の誕生を心待ちにしていた家族の思いや愛情を多様に感じられる活動は、自分だけでなく他者の生命も大切にしようとする基盤である。さらに「生きている証」の実感を児童だけでなく、「大きくなった自分」のファイルの作成過程を通して、保護者もともに学び感じられている。補助発問も、大切にされていることを具体的に考えられるように効果的であり、参考にしたい工夫である。

３　小学校第３学年での実践事例

１　教材名　一さつのおくりもの（出典「あたらしい道徳」東京書籍）

２　主題名　温かい心を大切に　（Ｂ 親切，思いやり）

３　ねらい

クマタがお気に入りの絵本を送ることに決めるまでの気持ちを考えることを通して、相手のことを思いやることが大切だと気付き、進んで親切にしようとする心情を育てる。

４　教材のあらすじ

クマタは、絵本「貝がらのおくりもの」が大のお気に入り。ある時、山向こうの村で大水害が起こる。一晩悩んだ末に、大変な思いをしている村の人にこの絵本を送ることに決めたクマタ。後日、絵本を読んだうさぎのササエから手紙が届き、クマタのことを、絵本の中の優しいキツネのようだと書いてあった。嬉しくなったクマタはササエに返事を書き、ポストへ急ぐ。

５　教材活用で大切にしたい点

絵本を手放すまでのクマタの葛藤と手放す決意をした理由を考えさせ、グループや学級全体での対話を通して、親切とはどういった思いで行うものなのかを児童から引き出したい。そして、相手の状況を自分事として想像し、思いやりをもって進んで行動することの大切さに気付かせたい。

６　授業実践における工夫や意識した点

○児童がお話の中に入り込むことができるよう、絵本や手紙を準備した。また、クマタの喜びを、大きさの異なる３つのハートで表現した。

○絵本をあげて本当に良かったのかという補助発問で、被害に遭った村の人の気持ちに寄り添わせた。また、絵本を読んだササエの立場になることで、クマタの行為が相手を笑顔にしている喜びに気付かせた。

7　指導の実際

導入

○人に親切にしたことはありますか。

展開

○クマタはこの絵本のどんなところが気に入っているのでしょうか。

○クマタがこの絵本だけは選ぶつもりがなかったのは、どうしてでしょう。

◎一晩考えて、お気に入りの絵本「貝がらのおくりもの」を送ることに決めたのはどうしてでしょう。

◆【補助発問】絵本をあげて、絵本の中の、大好きなキツネの子に会えなくなりました。これで良かったのかな。

◆【補助発問】この本を読んで、ササエさんはどんな気持ちだったでしょう。

○「お返事書いたよう。」と手紙を高く振った時のクマタはどんな気持ちだったでしょう。

終末

○今日の学習を通して、自分の心に残しておきたいことは何ですか。

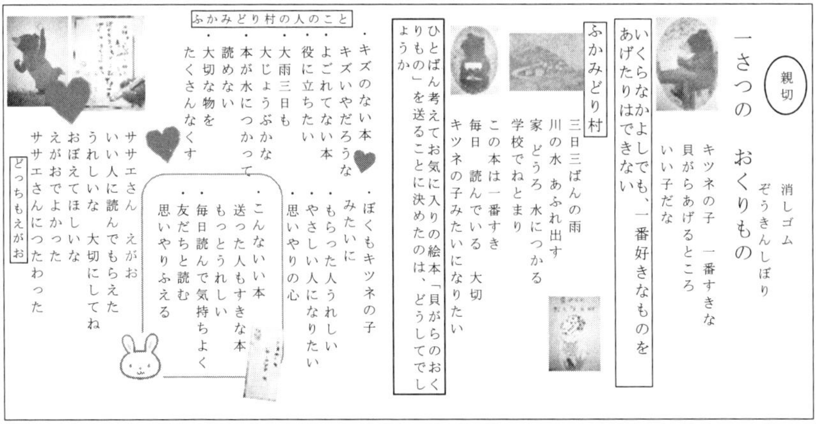

児童の反応（中心発問の場面）

教師：一晩考えて、お気に入りの絵本「貝がらのおくりもの」を送ることに決めたのは、どうしてだろう。

Ａ児：キズがある本をもらったら嫌だろうなと思って、きれいなこの絵本を送った。

Ｂ児：クマタは、自分も絵本の中の優しいキツネの子みたいになりたいって思ったんだと思う。

Ｃ児：この絵本をもらったら嬉しいだろうなと思ったから送ったんだと思う。

Ｄ児：三日も大雨が降り続いて、ふかみどり村は大丈夫かなって心配して、この絵本を送った。

Ｅ児：ふかみどり村は、たくさんの本が水に浸かってしまって、本を読みたくても読めないだろうなって思ったから。

教師：クマタは大好きな絵本をあげて、大好きなキツネの子に会えなくなったけど、本当に良かったのかな。

Ｆ児：本当はあげたくないって思っていたと思う。でも、今はやっぱりあげて良かったって思っていると思う。あの絵本を読んで、ふかみどり村の人たちが、ちょっとでも元気になってくれるなら嬉しい。大変な思いをしている人たちの役に立ちたい。

Ｇ児：あげて良かった。だって、被災したふかみどり村の人たちは、自分の大切な物をたくさん水に流されて、失くしてしまってるんだから。

教師：この絵本を読んだササエさんは、どんな気持ちだろうね。

Ｈ児：嬉しいな。この本を送ってくれた人も、きっとこの本が好きだったろうな。自分が好きな本を送ってくれるなんて、もっと嬉しくなるよ。

Ｉ児：素敵な本だなあ。いつもこれを読んで、気持ち良くなりたいな。

Ｊ児：この本を友だちと読んだら、思いやりがもっと増える気がするよ。

８ 授業実践を通して

本校では、児童の思考を深めるために、教材をしっかりと分析し、中心発問に対する児童の反応等を想定した後、問い返し等の複数の補助発問を設定することに力を入れている。その際に、児童の多様な反応（批判的思考、範例的思考等に基づく考え）を子どもの言葉で予想し、授業の山場を具体的にイメージしている。これを「吟味のデザイン」と呼び、毎時間、全学級で作成している。

一つ目の、大好きな本を手放して本当に良かったのかという補助発問では、自分の大切な物を流されてしまったふかみどり村の人々に、少しでも元気になってほしい、つらい思いをしている人たちの役に立ちたい、という温かい気持ちを引き出すことができた。児童は2年前、実際に大雨による土砂災害を経験していることから、より一層自分事として被災者の気持ちに寄り添うことができたのではないかと考える。

【グループでの真剣な話し合い】

二つ目の、絵本を読んだササエの気持ちを考えさせる場面では、絵本の実物を児童に持たせ、役割演技を行った。児童はササエになり切って、絵本の素晴らしさや、クマタへの感謝の気持ちを表現していた。

これらの補助発問を通し、児童は、クマタとササエの両方が相手のことを考え、思いやりあふれる行動をしているということに気付くことができた。

クマタが返事を書いてポストへ急ぐ最後の場面では、ササエさんが笑顔になって良かった、笑顔になってくれて嬉しいなど、笑顔という発言が多く見られた。さらには、クマタもササエもどっちもが笑顔になったという発言もあった。クマタとササエの両方の立場で考えることを通して、相手のことを思いやり、優しい気持ちで行動したら、お互いが笑顔になり、嬉しい気持ちになるんだということを、学級全体で共有することができたと考える。

（石飛佳苗子・長野真美）

石飛先生・長野先生の実践に学んで　　　植田和也

本実践は、発問や問い返しの重要性を再認識させてくれる。吟味のデザインにより、子どもの多様な反応を予想し発問を検討している。中心発問後のやり取りでは、事前の吟味が生かされて、F児のように「本当は･･･でも、･･･」と主人公の心の揺れや葛藤まで理解しながら考えられる深い学びが感じられる。深まりのある話合いの基盤には、友達の考えを真剣に聞こうとする姿勢を日々の学級経営において大切にされてきた地道な実践があるといえる。

4　小学校第４学年での実践事例

1　教材名　心と心のあく手（出典「私たちの道徳」文部科学省）

2　主題名　本当の親切とは？（B 親切，思いやり）

3　ねらい　困っている相手の状況を的確にとらえ吟味して、自分のとりうる行為を考えて判断することができるようにする。

4　教材のあらすじ

主人公はやとは、学校の帰り道、重そうな荷物を持ったおばあさんに声をかけて断られる。後でおばあさんはリハビリ中だと知り、再度おばあさんに出会い、見守り続け、本当の親切とは何か考えるという話である。

5　教材活用で大切にしたい点

人は、困っている人を見れば、放っておけないという心が働く。その思いやりの心の動きに基づいて行われる具体的な行為が親切である。その素直な心の動きを大切にしながら、さらに、相手のニーズにあった「本当の親切」とは何かということを考えさせたい。「見守る」という行為の是非ではなく、その行為を判断した主人公を支えた心情に着目させたい。

6　授業実践における工夫や意識した点

(1)　問題意識を生み出す導入の工夫

親切にして喜ばれる場合と断られる場合の２枚絵を比較提示することで、「本当の親切について知りたい」という問題意識をもつことできるようにする。

(2)　多面的・多角的な思考を促す言語活動の工夫（対話活動）

２度目おばあさんに出会い、声をかけるか声をかけないか迷う主人公に自己を投影し、根拠をもとに話し合う対話活動を設定する。

7　指導の実際

	学習活動と予想される児童の反応（主な発問）	指導上の配慮事項　※評価
導入	1　2枚の絵をもとに，自分の日常生活の中の親切について考え，本当の親切について話し合う。 ・できているとき　・できていないとき	○2枚絵（親切にして断られる絵・受け入れられる絵）のペアを提示することで、親切，思いやりに関する気がかりをもつことができるようにする。 ※2枚絵から自己の傾向性を振り返り、親切についてもっと知りたいと思っているか。
	本当の親切について、友達と対話して考えよう。	
展開	2　教材「心と心のあく手」を読み、話し合う。 (1) 2度目おばあさんに会って声をかけようか迷う主人公に自己投影し、話し合う。 ○2度目おばあさんに出会って、声をかけますか、それとも声をかけませんか。そのわけは？（投影的な視点） 【ペアによる対話活動】 （声をかける）おばあさんが心配 声をかけてほしいだろう （声をかけない）前断られた お手伝いは必要ないかもしれない 【クラス全体の全体対話】 (2) おばあさんを見守る主人公を支えた心を話し合う。 ○見守るという行為をとった、主人公はどんなことを考えたのだろう。 ・放っておけない。何とかしたい。 ・見守るのが今できる親切だと思った。	○登場人物の様子をもとに、物語のあらすじをおさえる。 ○道徳的な問題場面において自己の考えを判断し、多様な価値観を表出するために、炎天下でおばあさんに再度出会った主人公のとった行為について想像し、「声をかける」か「声をかけない」か自己選択し、その根拠について記述する場を設定する。それをもとにペアで対話する。 ○さらに、対話活動で付加・修正された考えについて明らかにするために、全体で交流する。 ※声をかけるか、声をかけないか、根拠をもとに対話し、多面的・多角的な視点で考えを拡充しているか。 ○おばあさんを心の中で応援し続ける場面の主人公の気持ちを考え、全体交流することで、道徳的価値をとらえることができるようにする。
終末	3　親切、思いやりで新しく気づいたことを話し合う。 ○本当の親切とは何だろう。 ・相手の本当に望むことは何だろうと考えることが大切。	○導入と終末との児童の考えを比較して、児童の新たな気付きを価値づける。 ※さまざまな親切の形をもとに自己の傾向性を振り返り、親切について自分の考えを記述しているか。 （自分の体験・教材の人物・友達の考え）

○　本時の評価

（自分とのかかわり）学習プリントに親切について自分の体験をもとに記述することができる。

（多面的・多角的思考）友だちの意見を取り入れながら、対話活動をすることができる。

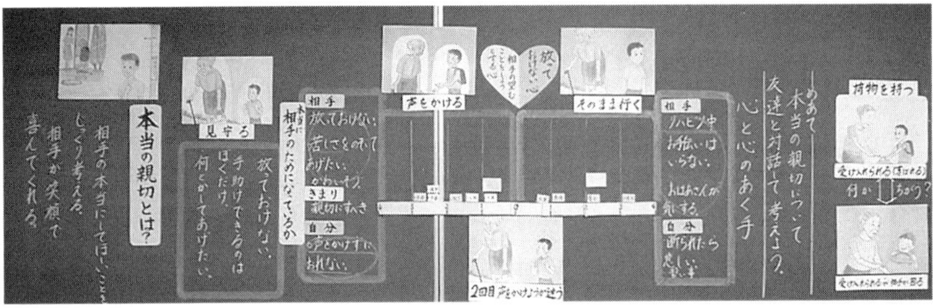

【「心と心のあく手」板書】

（1）　問題意識をもつための導入の工夫

導入段階では、親切にして喜ばれる場合と断られる場合の２枚絵を提示した。児童は、主人公の親切な行いは同じなのに、なぜ、受け入れられる場合と断られる場合があるのか、気がかりをもち、Ａ児は「いろいろな親切があるから、相手の人が喜ぶ本当の親切について知りたい」という追求意欲を高めていた。

（2）　多面的・多角的な思考を促す言語活動の工夫（対話活動）

展開段階において、主人公が声をかけるか迷う場面で、自分が主人公だったらどうするか、それはなぜかを表出する対話活動を設定した。対話活動では、「声をかける」「声をかけない」という視点で、さまざまな意見が出された。大切なのは、その理由である。Ａ児は、自分の経験を重ねながら、その場の心情を吟味することができた（資料１）。そして、話合いはどうしたら本当に相手のためになるのかという「本当の親切」という論題になっていった。

資料１　多面的・多角的な思考を促す対話活動

Ｔ　１度声をかけて断られたおばあさんに再びであったはやとくんは、声をかけようか迷います。はやとくんは、この後、どうしたでしょう？そのわけは？はやとくんになって考えましょう。

Ｃ１　（声をかけない）Ａ児

黙っていた方がいい。おばあさんは、リハビリ中だから、声をかけたらおせっかいかもしれない。自分の力で歩きたいかもしれない。

Ｃ２　（声をかける）

このまま、放っておけますか？おばあさんは、この前よりも足取りが重いようで、倒れたらいけない。私は、声をかけたい。

Ｃ３　Ａ児（声をかける）

そのまま放っておいたら、転ばなかったかな、交通事故にあっていないかなと心配になってしまう。前にそんな経験がある。（以下略）

【対話活動で心情メータの活用】

その後、「声をかける」「声をかけない」どちらも迷うのに、主人公はどうしたのだろうという疑問が出てきた。これが後半の教材提示の必然性である。主人公は、「見守る」という行為をとった。ここで、注意したいのは、「見守る」という行為のよさを教えるのではないということだ。他に方法があったかもしれない。しかし、主人公は、じっくり考え（吟味）、最善だと判断し行動したのが、「見守る」という行為なのである。そう判断した主人公を支えた心を掘り下げたい。そして、最初声をかけた主人公と最後見守った主人公の行為と心情を比較する。「何が同じで、何が違うのか。」これが深い学びにつなぐ発問の工夫となり、道徳的価値への道筋となる。

授業後、Ａ児は、「本当の親切とは、相手の人が気になって仕方がないという気持ちで、相手がしてほしいと思うことを考えること、そして、自分の心がうれしくなること」と発言し、自分の価値観（親切）を見直し、自分なりの納得解を得ることができた。

8　授業実践を通して

児童が道徳的事象を自分のこととして引き寄せて考え、主体的に道徳的価値を追求するには、次のような視点が重要であると考える。１つが、２つの道徳的事象を比較する等、児童が道徳的事象に対して問題意識をもつための導入の工夫、２つが、主体的で対話的な学びを生むための手立てとしての言語活動の工夫（対話活動等）、３つが、深い学びへと導くための教師の発問である。今後も児童が自己のエピソードをもとに生き生きと語る授業づくりをめざしたい。　（木下美紀）

木下先生の実践に学んで　　　　植田和也

親切、思いやりという道徳的価値の広がりや深まりを４年生が実感している実践である。その背景には、木下先生の深い教材研究から導き出された一時間の授業に込める様々な工夫と信念が感じられる。大切にされている導入の問題意識は、主体的な学びの形成とともに自分のこととして考えるための第一歩である。さらに、根拠をもとに話し合われている対話活動は、多面的・多角的な考えを出しながら、他者理解を通して価値理解・自己理解を深める道徳科の特質を大切にした、まさに真骨頂といえる授業展開である。

５　小学校第５学年での実践事例

１　教材名　友のしょうぞう画（出典「きみがいちばんひかるとき」光村図書）

２　主題名　友達と支え合う　（B 友情, 信頼〔B 相互理解, 寛容〕）

３　ねらい

章大に対する和也の気持ちの変化を通して、よりよい友達関係を築くためには友達を思い、信頼したり理解したりすることが大切だということに気付く。

４　教材のあらすじ

幼馴染の和也と章大は、章大の病気のために離れて生活することになる。始めは手紙のやり取りをしていたが、次第にやり取りは失われていく。そのような時、和也は展覧会で自分を題材とした章大の作品を目にする。章大が自分のことを思い続けてくれていた事を知り、二人の友情は再び深まっていく。

５　教材活用で大切にしたい点

「友情, 信頼」と共に「相互理解, 寛容」の視点をもつ教材である。友達の立場に立つことや、友達を信じる事の大切さに気付くと共に、「もし、展覧会を見に行かなかったら、二人の友情はどうなっていたか。」という問い返しを行うことで、友達と理解し合うことの大切さにも気付かせたい。

６　授業実践における工夫や意識した点

(1)　「友達という言葉からイメージする言葉は？」という事前アンケート結果を①導入で提示し②展開でそれを活用した発問を行い③終末で振り返ることで、友達に対する自分の意識の変化に気付くことができるようにした。

(2)　章大、和也の相手に対する気持ちの大きさを矢印の長さや太さ、また数字の大小で表すことで抽象的な部分を視覚化した。

(3)　終末で、人型のベン図を活用し、友達関係は一方的な関係ではなく、相互の関係であることや、「～し合う」ことが大切であることを意識させた。

7　指導の実際

①　友達に対するアンケート結果をもとに、価値への導入を行う。

「皆さんが友達という言葉からイメージした言葉のベスト５を発表します。５位面白い、４位楽しい、３位遊ぶ、２位一緒、１位優しい。自分が書いた言葉は入っていたかな？」とアンケート結果を伝え、自分たちがもつ友達のイメージを確認した。そして、今日の授業は友達について考えていくことを共通理解した。

②　場面絵等を活用しながら、教材の内容を確認し、友達について考える。

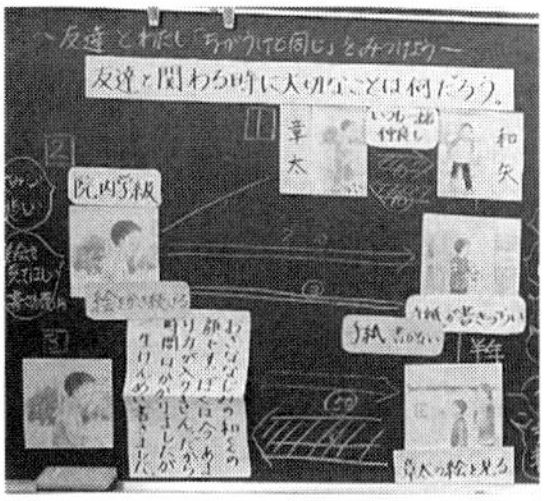

【図１　板書①】

教材を❶幼い時、❷手紙を書かなくなった時、❸和也が章大の絵を見た時の３つの場面に分け、それぞれの場面の章大と和也の相手に対する気持ちの大きさを矢印や数値で表し、抽象的な部分を視覚化した。それにより、教材の内容理解を図り、話し合う内容の焦点化を行うことができた。

❷手紙を書かなくなった場面では「なぜ、和也は手紙を書かなくなってしまったのだと思う？」と発問した。すると「相手に嫌われたかもしれないと思ったから」「僕の事はもう飽きちゃったと思ったから」「病気がひどくなったと思い、書きづらくなったかも」等の答えが返ってきた。そこで「小さい時の、章大と和也の相手に対する気持ちの大きさをレベル10とすると、手紙を書かなくなった時の和也の章大に対する気持ちのレベルはいくつ位だと思う？」と聞くと「5くらいかな？」「3」「1くらいになってるかも」と声が上がってきた。和也の章大に対する気持ちが小さくなっていることや、章大に対して不信感のようなものを抱き始めていることを共通理解した。その後「逆に章大の和也への気持ちのレベルはいくつ位だろう」と問い直すことで、章大の気持ちの大きさは小さい頃とほぼ変わっていないことを確認し合った。

❸和也が章大の絵を見た場面では「章大の絵を見た時、和也の気持ちの大きさはレベルいくつ位だろう」と聞いた。「30」「50」「80」と声が上がった。学級全員が和也の章大に対する気持ちが大きくなっていると考えていた。

そこで、「みんなの友達に対するイメージは『一緒』『遊ぶ』『楽しい』等だった

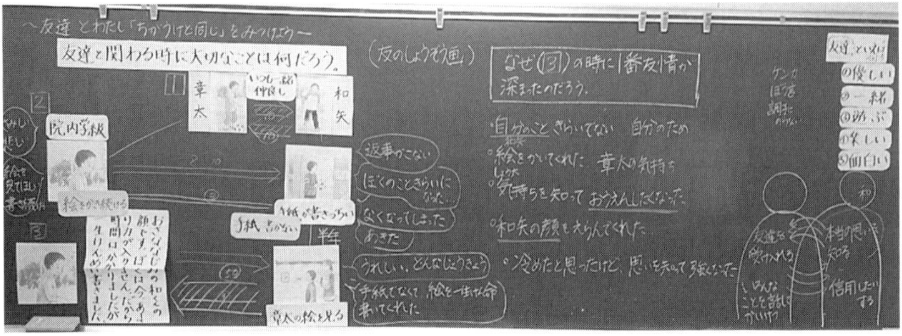

【図2　板書②全体】

ね。和也が章大の作品を見た時（❸）はそれらのどれも当てはまらない状況なのに、二人の友情はなぜ深まったのだろう」と発問した。すると「和也は、章大がまだ自分のことを思っていてくれたことが分かって嬉しくなったから」「自分の事を嫌いではなかったことが分かって安心したから」「章大の病気が大変だということを知って、章大を応援したくなったから」「描く題材はいろいろあるのに、ぼく（和也）の顔を描くと決めて、描き続けてくれたことが嬉しかったから」等の答えが返ってきた。様々な意見を聞く中で、児童は考えを広げたり、章大の和也に対する思いの強さに気付いたりすることができた。

その後、「相互理解、寛容」の視点について更に考えを深めてほしいというねがいから、「この話は和也が章大の絵を見たことで、お互いの気持ちが分かり、ハッピーエンドで終わっているけれど、もし和也が章大の絵を見に行ってなかったら二人の関係はどうなっていたと思う？」と聞いた。児童は一瞬考えた後、「仲良くなってない」「そのままで離れ離れだ」と言い始めた。二人の友情が紙一重のところで繋がっていたことに気付いたのである。

そこで、「自分の友達への関わり方を振り返りながら、友達と関わるときに大切だと思うことは何か考えよう」と言い、各自が考える時間をとった。児童からは「困ったことがあったら、話して解決していくことが大切」「友達の気持ちを受け入れることができるようにしたい」「友達の本当の思いを知ることを大切にしたい」「相手を信用することが大事だと思った」「これからは、困ったことがあっても、その時に相手を信用したいと思った」というような意見が出た。相手の立場や状況を考えたり、理解したりすることと共に、自分のことを伝えることの大切さに気づいている児童もいた。それらを整理して、より良い友達関係を築くためには一方的な関係ではなく、「～し合える」という相互の関係が大切であることを児童が意識できるように、人型のベン図（板書②右下）を書き、児童の意見を板書した。

③　**授業の振り返りを行う。**

振り返りの前には、「授業を始めた時の友達についてのイメージは『一緒』『遊ぶ』『楽しい』等だったね。一時間を終えて、自分の友達に対するイメージに変化はあったかな」と問いかけ、授業を通して感じたことや考えたことを書かせた。※振り返りは１枚のシートに継続してまとめている（ワン・ペーパー・ポートフォリオ）。

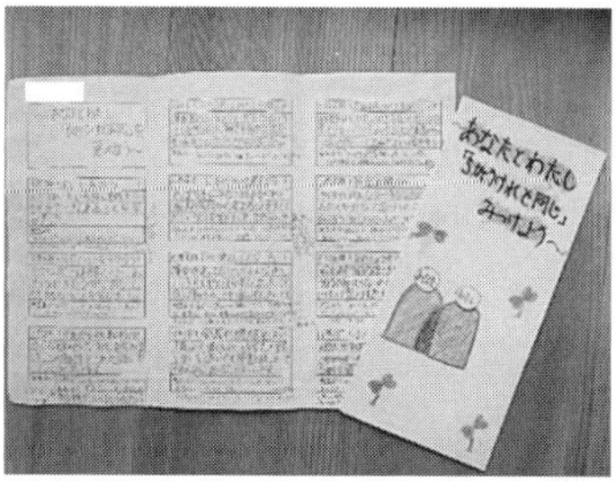

【図３　振り返りシート（OPP）】

8　授業実践を通して

振り返りには「友達の立場を考えること」の大切さと共に「友達を理解すること」「友達を信じること」の大切さに関連した内容が多くみられた。児童の一人が「今後迷った時、友達の事をもう一度だけ信じようと思いました」という振り返りを書いていたことが印象的だった。友達を信頼するとは「友達に不信感を抱いてしまいそうになった時にこそ、友達を信じること」であると気付くことで、今までの自分自身の友達関係について見直したり、今後について考えを深めたりしている児童の姿が見られた。

（佐藤範子）

佐藤先生の実践に学んで　　　　土田雄一

佐藤先生の実践では、導入の「友達のイメージ」を授業中や振り返りにも活用し比較する活動や「人型のベン図」で二人が通じ合ったイメージの象徴が視覚的にも理解しやすく効果的である。本授業を通して「友達観」が変容したことが分かりやすく工夫されている。また、友情だけでなく相互理解の大切さも考えられる授業である。終末で活用した継続した振り返りシート（opp）は、自分自身の成長の足跡でもあり、大切な学びの宝である。

6　小学校第５学年での実践事例

1　教材名　ぼくは伴走者（出典「小学生の道徳５」廣済堂あかつき）

2　主題名　法や決まりの意義（C 規則の尊重）

3　ねらい　ひろしのことを思う気持ちと伴走者としての義務の間で揺れる「ぼく」の心について考えさせることを通して、法やきまりの意義を理解し、それらを守ろうとする道徳的判断力を高める。

4　教材のあらすじ

親友のひろしが車椅子マラソンに挑戦することになり、努力を続けて完走を目指す彼を、主人公は伴走者として支えることになる。しかし大会当日、ひろしは坂道の途中で止まってしまう。伴走者として手を貸す義務があるが、それでは完走は果たされない。「義務（規則）」と「友情」の中で葛藤する場面で閉じるオープンエンドの教材である。

5　教材活用で大切にしたい点

法やきまりは、社会や集団の中で人々が安全にかつ安心して生活できるようにするためにあるという意義は理解できても、時としてそれは自分の意思や欲求に反する場面にも遭遇する。主人公の葛藤を自己との関わりにおいて考え、友達と交流する中でそれぞれの判断の根拠に出会い自己の考え方を広げるとともに、きまりの意義についてより深く考えることができるようにしたい。

6　授業実践における工夫や意識した点

（1）　事前にアンデルセン選手の映像を視聴

授業に入る前にアンデルセン選手のゴールの映像を見て、題材への意識付けを図った。意識がもうろうとしながら手を借りないでゴールしたことについて、「あきらめないところが素晴らしい。」「周りの人も、心配でたまらないだろう。」「自分だったら、アンデルセン選手のように完走できるかわからない。」といった感想が出され、本時では、教材の中の様々な登場人物の置かれた立場に共感しながら考えていくことにつながった。

（2）　指導案検討や模擬授業

平成30年度と令和元年度、２年続けて５年生を担任した。平成30年度の課題を踏まえ、令和元年度の授業展開を改めて考えることにした。校内の模擬授業を通して、思考を深める発問や構造的な板書になるよう検討も重ねた。

また、校内での模擬授業だけでなく、近隣校の５年担任にも同じ指導案で授業をしてもらい、児童の反応や授業者の問い返しの発問、タイミングなど参観し、学ぶことができた。これらの協議内容などを踏まえ、本時の展開を考えた。

7　指導の実際

平成30年度の展開と令和元年度の主な展開を比較すると、以下のようになる。

［平成30年度の展開］

【学習活動】

1. 本時の学習課題を知る。
　アンデルセン選手の映像を振り返り、題材への意識付けを図る。

2. 教材を読んで、「ぼく」の葛藤について、話し合う。
（**「ぼく」は、どうするべきかを押さえた上で、**）
＜中心発問＞
「ぼく」の立場に立った時、自分ならどうしますか。
※ネームプレートの活用

3. 道徳ノートに書く。

［令和元年度の展開］

【学習活動】

1. 本時の学習課題を知る。
　アンデルセン選手の映像を振り返り、題材への意識付けを図る。

2. 教材を読んで、「ぼく」の葛藤について、話し合う。
（**「ぼく」は、何を迷っているのか押さえた上で、**）
＜中心発問＞
「ぼく」は、どうすべきだと思いますか。

3. 道徳ノートに書く。

［平成30年度の板書］

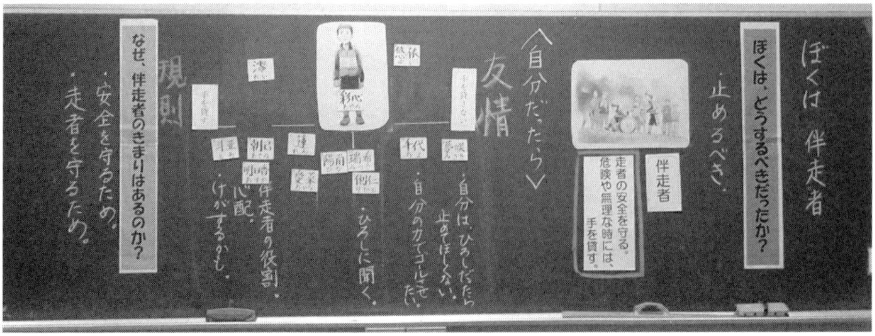

［令和元年度の板書］

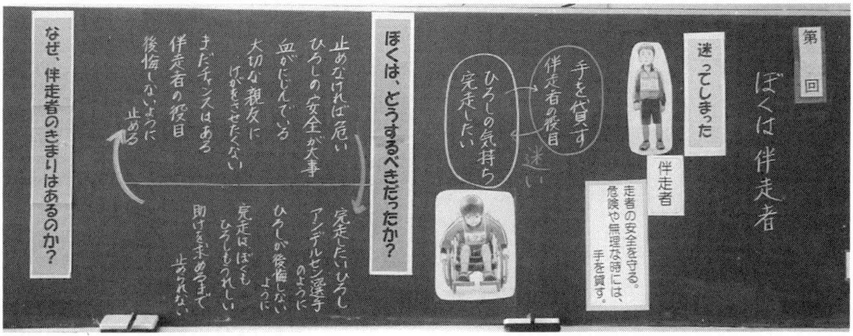

8 授業実践を通して

平成30年度は、主人公の立場になった時、自分ならばどうするか自己との関わりで考えさせたいというねらいから、中心発問を「ぼくの立場に立った時、自分ならどうしますか。」とした。「手を貸す」、「手を貸さない」の立場を選び、ネームプレートで自己決定の場を設定し、そう考えた理由を交流することでねらいに迫りたいと考えた。児童はそう考えた根拠をもとに活発に意見交流した。終末は、「なぜ、伴走者のきまりはあるのか。」を考えながら振り返ってみようと投げかけたものの、主人公と同じく気持ちが揺れ動いたという内容がほとんどで、「法やきまりの意義を理解し、それらを守ろうとする道徳的判断力を高める」というねらいは、達成できなかった。

令和元年度に再度、本教材で授業をするに当たって、児童の迷う気持ちから道徳的価値の自覚へどのようにつなげるか、道徳的価値についてもっと深く考えさせなくてもよいのかと熟考した。職場の仲間、近隣校の５年担任や指導主事に相談し、前述の令和元年度版の展開のように修正した。

ねらいとする内容項目が規則の尊重であることを踏まえ、まず伴走者としてのきまりをしっかりと押さえる。それがわかっていても人間は迷うものであり、そのような場合に自分がどう判断していくのか、ということを主人公の葛藤状況をしっかりと捉えて考えさせようとした。授業の中では決められなくても、そのもやもやした気持ちを持ち続けながら、実生活のこういった葛藤場面でも考え続けることの大切さについて助言も受けた。そこで、令和元年度は中心発問を「ぼくは、どうすべきだと思いますか。」に修正し、伴走者としての意義を押さえた上で、伴走者だからこそ規則と親友のひろしを思う友情の間で揺れる「ぼく」の迷いを捉え、どうすべきかという中心発問につなげた。

＜児童の振り返り（道徳ノートから）＞

○ぼくだったら、助けます。（中略）伴走者は、自分で危険か危険でないかを判断するから、むずかしいなと思いました。

○私が伴走者だったら助けません。友達の努力がむだになるからです。ひろしは、アンデルセン選手みたいに完走したいと言っていたからです。でも、みんなと話していて、ひろしが大けがをするより失格になっても助けた方がいいと言っていたから、私も危なくなったら助けようと思いました。

児童の振り返りは、上記のように迷いだけではなく伴走者としての意義をしっかりと意識した上でどう考えるかというものへと変わった。（岩井由美子）

岩井先生の実践に学んで　植田和也

２年続けて同じ教材を改善し実践できる機会は大変貴重なOJTの場である。また、近隣校等と連携して、みんなで考え合えることが大きな財産とも言える。岩井先生の実践では、道徳的価値理解の深化をめざして発問を練り直して深い学びを追究している。そのことが、主人公の葛藤をしっかりと捉えながら、「貸す、貸さない」だけでなく判断の根拠を大切に決まりの意義を深めている子どもの姿につながっている。まさに、考え続ける姿勢が将来に出会うであろう場面で、よりよい判断ができる基盤をつくる実践と言える。

7 小学校第6学年での実践事例

1 教材名 「ここを走れば」(出典「きみがいちばんひかるとき」光村図書)

2 主題名 法やきまりを守って(C(12)規則の尊重)

3 ねらい

父の行動や兄妹の葛藤について話し合うことを通して、法やきまりの意義を理解し、周りの人や自分のためにも法やきまりを守って行動しようという気持ちを高める。

4 教材のあらすじ

主人公の家族が、祖父の危篤の知らせを聞き、車で一刻でも早く祖父の元に行きたいと思いつつ、法を守る行動をどれだけ貫けるかを描いた教材である。交通渋滞中、急いでいる時でも交通規則を遵守する父と、ルールを守らないドライバーがいる実態を目の当たりにし揺れ動く兄妹の心が描かれている。

5 教材活用で大切にしたい点

祖父に会うためには、法を破ってでも路側帯を走るべきだったのではと考える「ぼく」ときまりを守り通した父の姿を通して、法やきまりの意義について理解を深めることができると考える。法やきまりは何のために存在するのか、そして何を大切に考えて法やきまりを守ろうとするのかについて考えを深めていく児童の姿を期待したい。

6 授業実践における工夫や意識した点

(1) 児童のもつ「問題意識」を大切にした授業の導入

自分たちの生活から想起させることによって、ねらいとする価値への関心が高まるように、「法・きまり」という言葉からイメージすることを発表し合う場を設定した。また、教材の提示後、気になる場面について感想を語らせながら、児童の発言を学習問題(「大切な人が命を落としそう。路側帯を走るか、走らないか。」）につなげ、話合いの方向性を定めていった。

(2)　討論や議論の場を活かした、より深い学びのある授業展開

人は一つの結論を出すまでに、多くのことを考えながら自分のとるべき行為を決定していく。どちらを選択するのかではなく、選択に至るまでの登場人物の気持ちを考えることに意味がある。そこで、各々の選択による結果についても多面的に考える場を設定し、登場人物の葛藤に深く共感しながら、法やきまりの意義について考えることができるようにした。さらに、「法やきまり」は何のためにあるのかという視点で考える場を設定することで、法やきまりを守り行動することの大切さについて考えを深めていくことができるようにした。

7　指導の実際

ここでは、「学習問題を追求する場」について述べる。ここで大切にしたいのは「発問」である。話合いの中心となる発問を大きく２つとした。学習問題について話し合うことで、道徳的価値について多面的・多角的な見方へと広げていく。これは「学習問題をつくる」場で子どもたち自身が練り上げた学習問題である。これを「発問Ⅰ：多面的・多角的な見方へと広げる発問」とした。

さらに、発問Ⅰの話合いを受けて、自分とのかかわりの中でその価値についての考えを深めていく。これを「発問Ⅱ：価値についての考えを深める発問」とした。「深い学び」のある授業を目指すときに、発問Ⅱでの話合いがとても大切になってくる。道徳教育や道徳科が養う「道徳性」は「心の内面」という見えないところを育てていくものである。「道徳性」を養う「深い学び」を目指し、発問Ⅰ・発問Ⅱという２段階の発問で授業づくりを実践した。

(1)　発問Ⅰ：多面的・多角的な見方へと広げる発問

大切な人が命を落としそう。 路側帯を走るか、走らないか。

【話合いの様子】

児童は、登場人物の葛藤と自分自身を重ねて話し合うことを決めた。その際、「走るか」「走らないか」という２項対立の話合いではなく、走るとしたら、走らないとしたらどんな考えからその選択をするのか、また、その

選択をすることでどのようなことが起きると考えられるのか、など、様々な面に目を向けて話し合い始めた。

A児：法律なんだからやっぱり守らないと。
B児：そうだよね。守らないと、困る人が増える。
C児：でも、会いたいって気持ちは分かるよ。ぼくだったら走るかも。
D児：うん。走ってはいけないとは分かってはいるんだけどね。
E児：どっちにしても、罪悪感が残る。路側帯を走ってしまうと、法律を守っていない、悪いことをしているっていう罪悪感。走らないと、間に合わなかったという罪悪感。
F児：走らないって気持ちは、他の人のことを考えているけど、走ってしまうと自分のことしか考えていないってことになる。
G児：確かに。でも、すごく迷うよね。このお父さんも、心の中ではとても迷っていたと思う。何を第一に考えるかってことじゃない？

登場人物の葛藤に寄り添いながらも、2項対立の話合いではなく、あえて両面について考え話し合っていく児童の姿が見られた。

(2) 発問Ⅱ：価値についての考えを深める発問

「法・きまり」は何のためにあるのだろう。

「多くの命を救うためにある」「みんなの迷惑にならないようにある」「みんなが安全に暮らすためにある」「守ることによって、自分たちもみんなも守られる」グループでの話合いを経ての児童の発言である。話合いを進めていく中で、

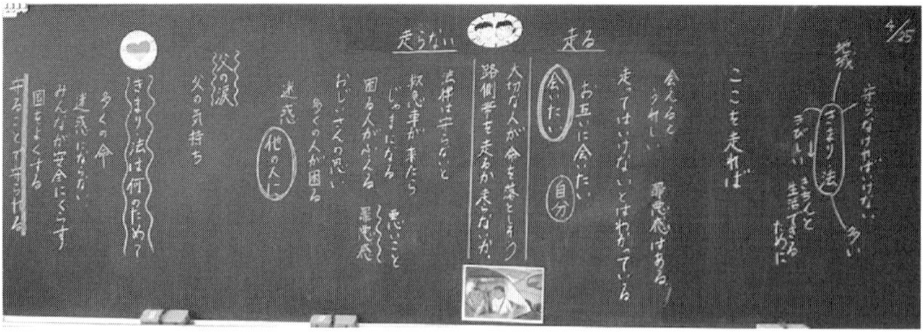

【最終板書】

「法やきまりを守ることで、みんなも自分自身も守られることになるのだ」ということに気付いていった児童だった。ここに児童の「法やきまりを守ること」に対する「新たな価値」の創造が見られたのだと考える。

8　授業実践を通して

授業の始まりには、「法やきまり」は、「守らなければならないもの。きびしいもの。正しいことだが、しばられる感じ。」と考えていた児童である。それが話合いを進めていく中で、「法やきまりは、みんなが安全に生活するためにある。法やきまりを守ることによって、自分たちも守られている。」と考えを深めていった。児童は、じっくりと教材に浸りながら、議論・討論の場を経て、「法やきまり」についてより深く考えることができたと感じている。

時間	学習活動	教師の主な支援 **太字**は「『話合い』を通して考えを広める、深める」学習活動に対する支援
5分	1　「法・きまり」のイメージを出し合う。	○　自分たちの生活から想起させることによって、ねらいとする価値への関心が高まるように、「法・きまり」という言葉からイメージすることを発表し合う場を設定する。
30分	2　教材を読み、「法・きまり」について話し合う。 路側帯を走ればよかった？走らなくてよかった？ 〈予想される子どもの反応〉 「走ればよかった」 ・おじいちゃんに生きて会うことができていたかもしれない。 ・おじいちゃんも会いたかったと思う。 ・他の車も走っていたのだから。 「走らなくてよかった」 ・他の人の迷惑にならなかった。 ・事故に遭った人の命を助けることができた。 ・人に迷惑をかけること嫌うおじいちゃんだったから。	○　子ども自身が話合いの核を生み出すことができるように、気になる場面を語らせながら、子どもたちの発言を学習問題につなげ、話合いの方向性を定めていく。 ○　**どちらを選択するのかということではなく、その選択に至るまでの登場人物の気持ちを考えることに意味があると考える。そこで、それぞれの選択による結果についても多面的に考える場を設定し、登場人物の葛藤に深く共感しながら、「法やきまり」の意義について考えることができるようにする。**

<table>
<tr>
<td></td>
<td>「法・きまり」とは何のためにあるのだろう。

〈予想される子どもの反応〉
・きまりはみんなのためにある。
・きまりはみんなの命を守るためにある。
・みんなのためにきまりを守っていきたい。</td>
<td>○　「法やきまり」について何のためにあるのかという視点で考える場を設定することで、「法やきまり」を守って行動することの大切さについて考えを深めていくことができるようにする。</td>
</tr>
<tr>
<td>10分</td>
<td>3　今日の学習を通して考えたことを書く。</td>
<td>○　本時の学習を通して考えたことを書く活動を設定し、価値に対する自分の思いの変容や日常の自分を見つめることができるようにする。</td>
</tr>
<tr>
<td colspan="3">◆道徳的成長を実感し、学習意欲の向上につなげていくための評価
「法やきまり」は、社会の秩序を維持し、互いの生活や権利を守るために不可欠なものであることに気付き、自己中心的な考え方をせず、「法やきまり」を守って行動しようという気持ちを高めている。
◆指導計画や授業改善に役立てていくための評価
登場人物の葛藤に十分に共感させた上で、「法やきまり」は何のためにあるのかを考えさせることで、「規則の尊重」について深く考えさせることができたか。</td>
</tr>
</table>

（堀井綾子）

堀井先生の実践に学んで　　毛内嘉威

堀井先生の実践は、「主体的・対話的で深い学び」の実現という明確な意図により指導計画を立て、具体的な手立てとして、①学習問題をつくる、②学習問題を追求する活動を設定している。本実践は、児童の思考に合わせて柔軟に、弾力的に学習活動を構成しようとする表れである。子供が問題意識をもち、どうすべきかと思考を巡らし、自分事として解決していく工夫がなされている。これは深い教材研究により、授業のねらいを具体的に捉えているから可能となっている。道徳科の評価には、「授業で見取る子どもの評価（視点）」と「道徳科の授業に対する評価（観点）」の二つがある。指導案では、二つの評価を区別して記載している。この二つの評価が相互に関連して一体的に捉えている。

8　小学校第６学年での実践事例

1　教材名　こだわりのイナバウアー（出典「みんなの道徳」学研）

2　主題名　感謝の心を広げよう（B 感謝）

3　ねらい　自分の生活が多くの人々の支え合いによって成り立っていることを理解し、尊敬と感謝の念で応えていこうとする態度を養う。

4　教材のあらすじ

羽生結弦選手が練習を行っていた仙台のスケートリンクは、２度にわたって閉鎖の危機に追い込まれていたが、その危機を荒川静香選手が救ってくれた。羽生選手は、荒川選手や支えてくれているたくさんの人々に対する感謝の念を表すために、「イナバウアー」を披露することにこだわったのである。

5　教材活用で大切にしたい点

金メダルを期待されていた羽生選手が、高得点につながらないイナバウアーにこだわった理由について対話することで、感謝の道徳的価値について多面的・多角的に理解を深めていきたい。その理解を基に、自分も羽生選手と同じように、たくさんの人々に支えられている日々そのもの、更に自分が生きていることに感謝し、応えていきたいという思いを高めていけるようにしたい。

6　授業実践における工夫や意識した点

(1)　自分事として考えられるようにする

羽生選手と同じように、周りの人に感謝する心があることに気付かせ、教材の道徳的問題場面と自分自身とをつなげる授業展開にした。

(2)　感謝の対象を視覚的に捉えられるようにし、対話の意欲を高める教具

自分が、誰や何に対して感謝の念を抱いているのかを「ありがとうマップ」に示し、友達との共通点や差異点を明確にして対話の意欲を高めた。

7　指導の実際

＜導入で大切にしたこと＞

道徳的価値に関わる事象を自分自身の問題として受け止められるために、視覚的な支援により経験の想起や教材の事前読みによる疑問や感想の提示で、その時に児童が感じたことや考えたことを表出できるようにする。

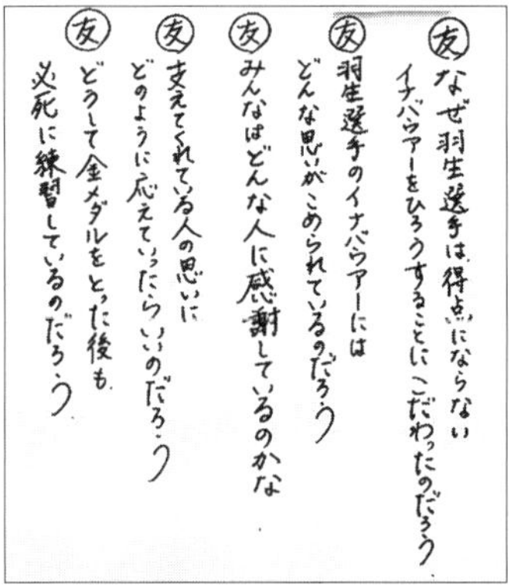

【子供たちの問いを集約】

事前に書いた、「教材文を読んでみんなと考えたいこと（自分の問い）」を補助黒板（左参照）に集約して、問いを共有する時間を設定した。その際、運動会の写真を提示し、組立体操をどんな思いで頑張ったのかを問い、「お世話になった方々に感謝の気持ちを伝えたい」という気持ちがあったことを表出させ、羽生選手が抱いていた気持ちとの共通点に気付かせていった。そうすることで、自分の中に存在するよさに気付き、道徳的価値に関わる事象を自分事として考えていくことができた。

＜展開で大切にしたこと＞

二つの対話（自己との対話・他者との対話）を促すために、集団内の多様な立場の存在を明らかにし、自分の考えを選択・決定できるとともに、自分の考えの理由を表出して、他の考えの理由と比較できるようにする。

本時は、羽生選手がイナバウアーにこだわった理由について話し合いながら「ありがとうマップ」を、板書上に作成していった。氷に触れたり、手を合わせてお辞儀をしたりする姿からも、「たくさんの人々が支えてくれていること」や「当たり前に思っていること」に気付いて応え

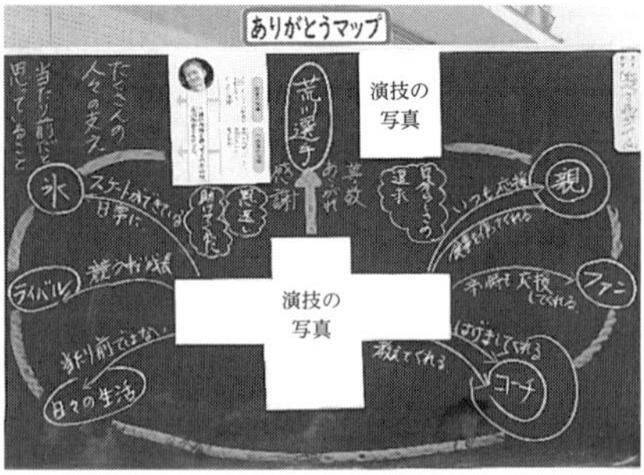

【羽生選手のありがとうマップ（板書）】

ていくことが感謝することであることへと考えを深めていった。その後、「今日の授業を通して、当たり前だと思っていたけれど、改めて感謝したいと感じたことはありますか」と発問し、事前に書かせておいた「ありがとうマップ（下図）」に、授業を通して思い浮かんだ感謝の対象を赤色で加筆させた。感謝の念の大きさを文字の大きさで表し、視覚的に友達の考えとの共通点や相違点に気付けるようにしたことで、マップを見合いながら「どうして友達はそう考えたのだろう」と、意欲的に理由を聴き合っていった。

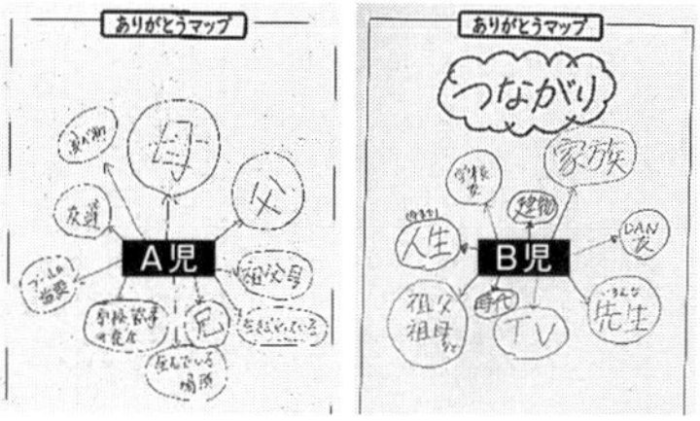

【児童のありがとうマップ（ノート）】

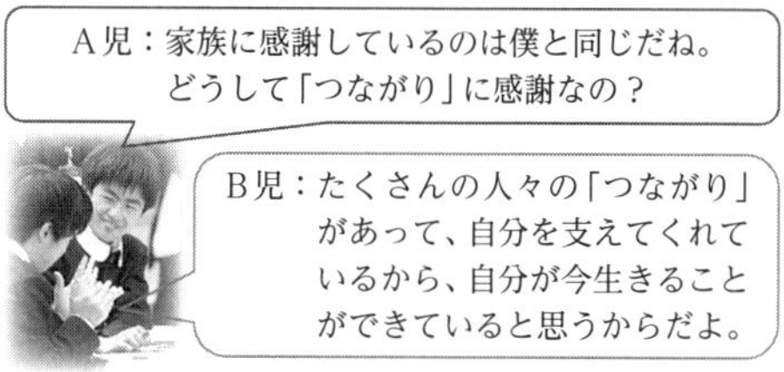

右は、展開場面での児童の意識である。何に対して感謝しているのかを、聴き合うことで、友達が感謝の念を抱いている対象と理由について知り、感謝の対象を広げながら、多面的・多角的に価値についての理解を深めていった。

自分も，羽生選手のように感謝できているかな。「当たり前」と思っていることはないかな。

共に成長するために競ってくれている友達がいるよ。	6年生になるまで，毎日一生懸命育ててくれた両親がいるよ。	今の私は，何不自由なく走ったり勉強したりできているよ。
陸上の練習で記録が伸び悩んだ時に，一緒に頑張ろうと練習に誘ってくれたよ。	毎日，私の成長を願って，食事を作ってくれたり，見守ってくれたりしているよ。	病気のときに支えてくれる家族がいることや，健康であることが有り難いよ。

自分の生活をたくさんの人々が支えてくれていることは，当たり前ではないな。感謝を伝えるために自分にできることはないかな。

【展開場面の主な児童の意識】

＜終末で大切にしたこと＞

「価値理解に至った理由」「これからの生き方」等の振り返りの観点を大切にするとともに、自分のよさを実感できるように評価方法を工夫する。

終末に振り返る際に、「自分の課題」や「よさ」といった自分自身のことだけでなく、「心に残った友達の意見」という他者の考えに目を向けて他者理解を深めたり、「実行が難しい」といった人間理解を深めたりすることで自己評価を充実させていった。

道徳ノートは、上段に事前読みの感想、下段に授業の振り返りを記述する。

振り返りの記述後、友達と読み合い、友達の成長を感じる部分に赤線を引き合う相互評価を行った。その際には、

①感想「いいね。なるほど」
②発見「そうか、すごいね」
③同意「よく似ていて…」
④質問「どうして、そう考えたの」

と相互評価の段階を高めていけるようにした。自分の成長を友達から肯定され、認められる喜びを感じることで、さらに実践していこうと意欲を高める姿が見られた。

８　授業実践を通して

人は失って初めて、当たり前にあるモノやコト、自分を支えてくれている人々の有難さを感じる生き物なのかもしれない。私が本実践を通して児童に伝えたかったのは、自分の存在を支えてくれている目には見えない大切なものを、自分から見付けて応えることの大切さである。児童には、日常の暮らしの中で、感謝したいと心の中で思うだけでなく、しっかりと感謝の気持ちで応えられるような人間になって欲しいと願うと同時に、自分自身も感謝の気持ちを高めて応えていけるような人間でありたいと考えている。（山本健太）

山本先生の実践に学んで　清水顕人

本実践では、学びへの意欲を高める支援が多く行われている。自分の問いの共有から授業は始まり、経験を想起させる写真の提示によって自分の事として学びが進んでいる。また、対話場面の「ありがとうマップ」は、児童の考えの異同を明確にし、互いの考えの理由を聞き合いたい（対話したい）という思いを高めている。「自分の事として考えたい」「友達と話し合いたい」という児童の思いは、道徳科の授業に取り組む原動力であると言えるだろう。

9　小学校特別支援学級（自閉症・情緒）での実践事例

1　教材名　ひびが入った水そう（出典「新しい道徳」東京書籍）

2　主題名　明るい心で（A 正直，誠実）

3　ねらい

水そうにひびが入ったことを言えなかったけい太の心の迷いを考えることを通して、過ちを素直に認め、正直に伝えることの大切さに気付き、偽りのない明るい心で生活していこうとする心情を育てる。

4　教材のあらすじ

けい太が水槽をきれいにしようとして、あやまってひびを入れてしまう。帰宅してからも暗い気持ちのままであった。そして、翌日、先生に正直に打ち明けようと決意するのである。本当のことを言うことができたけい太の心情をもとに、正直に行動することの良さを感じ取ることができる教材である。

5　教材活用で大切にしたい点

本当のことをなかなか言えない心の弱さに共感し、葛藤する心の迷いを捉えられるようにしたい。心の弱さを乗り越えたのは、どういうふうに考えていったからなのかを考え、正直に伝えることの良さに気付くようにしたい。

6　授業実践における工夫や意識した点

①読みの構えをつくる：範読の前に、誰のことを、どういう視点で読めばよいのかを事前に指示しておく。

②心の葛藤を視覚化：イメージしやすいように、葛藤を「心のつなひき」として絵（図1）で示す。

③発表ボード：コミュニケーションが苦手な児童

【図1】

のために、話し合いよりも聞き合いが生まれるように考えた。

7 指導の実際

【導入】○問題意識をもつ。

「悪いことをしてしまったとき、自分から本当のことが言えますか。だまっておこうと思ったことはないですか。」と尋ね、今までの自分を想起させた。そして、「本当のことは、なかなか言えないんだよね。そんなとき、心の中は、『正直心』と『正直に言えない心』の両方があって、心の中でつなひきをするのです。」と、心のつなひきの絵（図1）を示した。「どういうふうに考えると、『正直心』の方が勝つのだろう。」と投げかけると、児童は「よくわからない。」という返事が返ってきた。「じゃあ、今日は、そのことをみんなで考えていこう。」と導いた。このように、主題に関わる問題意識を児童がもつことができるようにすることが重要だと考えている。

【展開】○読みの構えをつくる。

まず、男の子の挿絵を見せ、「今日は、けい太になってね。けい太は正直に言えたのか、言えなかったのかを考えながら読んでいこう。」と言ってから、範読をした。漠然と読むのではなく、読みの視点をもって、誰のことを中心にどんなことを考えながら読めばよいのかが分かるようにした。

主な発問と児童の反応	指導上の留意点
心がつなひきをしたとき、どんなことが大切なのかを考えよう	
①けい太は、ひびが入っているのを見て、授業中の先生の話も集中して聞くことができなかった。このときのけい太の心の中は、どうなっているのでしょう。 『正直に言えない心』 ・誰かにばれないかな。心配だ。 ・おこられるのはいやだ。 『正直心』 ・カシオペアは大丈夫かな。 ・早く言わないといけない。 ②家に帰ってからも、水そうのひびのことが頭からはなれず、暗い気持ちだったけい太は、どんなことを考えていたのでしょう。	・けい太の心を『正直心』を赤で、『正直に言えない心』を青でハートカードを塗るよう指示する。 ・前に出て発表する際には、発表ボードを活用し発表しやすくする。 ・この時点では、『正直に言えない心』が勝ったことを押さえる。

・カシオペアが心配だ。 ・ひびのことが見つかっていないかな。 ・ばれたら、大変だ。	
③あんなに暗かった気持ちがすっと明るくなった。明るくなった気持ちとは、どんな気持ちでしょう。 ・本当のことを言ってやっぱりよかった。 ・先生が直してくれて安心したよ。	・揺さぶり発問により、正直のよさに気付くようにする。

○多様な感じ方を表出できるハートカード

考えを書く際、何も書けずに困る児童が予想された。そこで、書けない児童にも取り組みやすくなるように、発問①の後、『正直心』（赤）がどれくらいで、『正直に言えない心』（青）がどれくらいなのか、けい太の心をハートカードに色で表すようにした。

【図2】

感覚的に捉えている気持ちを色で表現することで、自分の考えが徐々に明らかになってくると考えた。ハートカードで表現するからこそ、「どうして『正直に言えない心』が多いのか」「『正直心』も少しあるのは、どうしてなのか」など、児童の考えを引き出せる手がかりとなる。さらに、児童同士で見せ合うことで、自分と友達の考えを比べ、違いに気付きやすくなった。

○聞き合いができる発表ボード

ペアトークは支援が十分行き届かないことがある。そこで、話し手が自信をもって話せるようにと思い、発表ボードを用いた。聞き手側もだまって聞くのではなく、拍手や返事を返すなど反応することで、話し手の考えをしっかり聞き取ろうという姿が見られた。話し手と聞き手のやりとりで、聞き合いが少しずつではあるが、進められるようになった。

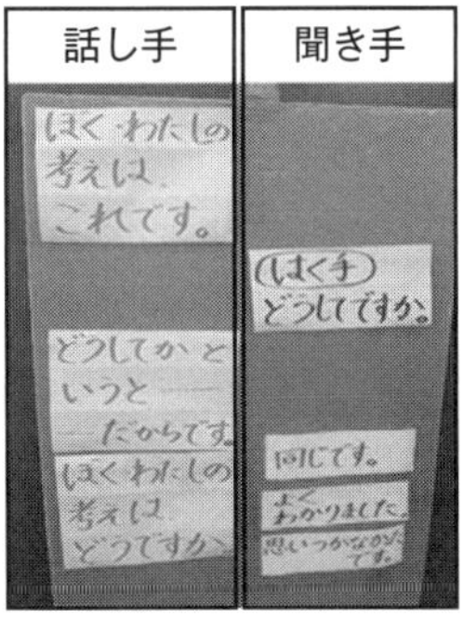

○少しずつ考えが深まるための揺さぶり発問

「もし、『正直に言えない心』がずっと勝っていたらどうだろう。」と投げかけると、「ずっと暗い気持ちのままになってしまう。」「それはいやだなあ。」という発言があった。「でも、まだばれていないんだから、だまっておいた方がいいんじゃないの。自分から言ったら、怒られるかも。」と言うと、「怒られても、やっぱり言わないと。」「カシオペアがかわいそうだよ。」とむきになって語ってきた。「そうかあ。カシオペアがかわいそう。やっぱり本当のことは言った方がいいんだよね。」と、正直に言うことの大切さに気付けるように促した。自分だけで考えを深めていくことは困難なため、教師が問い返すことで、児童の考えを引き出しながら、道徳的価値の理解を図っていくようにした。

【終末】○学んだことを［大切な心］としてまとめて、自分を振り返る。

めあてを再確認することで、考えていたことを意識させた。そして、「けい太が心のつなひきをしたとき、どういうふうに考えたから正直心が勝つことができたのかな。」との問いに、「生き物のために、正直に言うことが大切」「正直に言えたら、悪い気持ちが減って心が軽くなる。」と発言があり、それを［大切な心］とした。最後に「あなたは、今までにけい太のような心のつなひきをしたことがありましたか。」と投げかけ、自己の振り返りができるようにした。

8　授業の実践を通して

誰もが取り組みやすい学習活動を工夫することで、自分でもできそうだと自信をもって取り組めることを大切にしている。児童に寄り添い、丁寧に考えを聞き出しながら、少しずつ自分の言葉でまとめることができるようになってほしいと期待している。

（原 洋子）

原先生の実践に学んで　　植田和也

特別支援学級での個の困り感を把握した支援や活動の工夫は、通常学級の道徳科においても大変参考になる。原先生の「心のつなひき」やハートカードは、個々の思考や考えが視覚化でき、その後の展開や教師からの揺さぶり発問にも生かされている。

また、聞き合いができる発表ボードの取組は他教科でも活用でき、相手を大切にする意識を醸成しているだろう。問題意識の形成や読みの構えが、じっくりと考える基盤となり、児童の主体的な学びの形成につながっている。

10　中学校第１学年での実践事例

1　教材名　バスと赤ちゃん（出典「自分を見つめる」廣済堂あかつき）

2　主題名　社会連帯（C 社会参画，公共の精神）

3　ねらい　車中でのある乗客への配慮の様子を通し、社会連帯の自覚を高め、よりよい社会を築こうとする道徳的実践意欲を高める。

4　教材のあらすじ

12月の厳寒の日のバス内。暖房と人混みとの熱気で火のつくように泣きだした赤ん坊を抱いた母親が、周囲の乗客に迷惑をかけまいと途中下車しようとする。それに気づいた運転手は、アナウンスで乗客に目的地まで母と赤ちゃんを乗せていくことの協力を依頼する。誰からともなく乗客の中から賛同の拍手が湧き起こり、温かい雰囲気に包まれてバスは発車した。

5　教材活用で大切にしたい点

筆者が温かい雰囲気の場に遭遇し忘れられぬ経験となった出来事を通して、社会連帯と公共の精神の在り方を考えられる教材である。登場人物は道徳的に変化しないため、論点を焦点化しにくいが、登場人物の心情理解だけで終わらないよう気をつけたい。今後一層、他者との共存共生が求められる社会の一員として、公共の場で大切にしたい視点とは何かを考える機会としたい。

6　授業実践における工夫や意識した点

(1)　単なる「良い話」で終わってしまわないように、公共の精神について考え，大切な視点を意識化できるような発問を設定する。

(2)　車中という空間を1つの「場」として、登場人物がそれぞれの立場で互いに心の交流があることを板書で図式化し、視覚的にも理解を促す。

7　指導の実際

	学習活動	発問と予想される生徒の反応	指導上の留意点
導入	教材への導入	公共の場って具体的にどんな場所を思い浮かべますか。 ・図書館 ・映画館 ・電車　etc.	公共の場として乗り物もあることを提示する。
展開	教材の黙読 登場人物の整理 母の周囲への気遣いを理解する。	母と赤ちゃん／運転手／乗客 ○赤ちゃんを抱いたお母さんはどうして途中で降りようと考えたのだろう。 ・周りの人の迷惑になっている。 ・病院帰りの人の体調への気遣い。 ・赤ちゃんも苦しいから。	教材範読 →教師から提示する。 雪の降りそうな寒い日であった状況を確認する。
	運転手の母子と他の乗客両者への配慮について考える。	○運転手が乗客みんなにアナウンスしたのは、どういう考えからだろう。 ・母の乗客への配慮を伝えたい。 ・乗客に母が困っている事を知らせ肩身の狭い思いをさせたくない。 ・大人全員で赤ちゃんを守ろう。 ・自分だけでなく、みんなの判断で乗せてあげたい。	運転手と母との間だけで決めなかった意味を考えさせる。 運転手のバスの乗客全員への配慮の視点に気づかせる。
	乗客の協力がバスの過ごしやすい雰囲気を作ったことに気づく。	○乗客の拍手には、どんな思いがこもっていたのだろう。 ・運転手の考えに賛成！協力する。 （赤ちゃんは泣くのが仕事／お母さんを新宿まで歩かせるのは酷etc.） ・（母に）気を遣わなくていいよ。 ・皆で互いに譲り合っていこう。 ・運転手の気づきと思いやりに感動、共感した。	→抽象的な意見は具体的に答えるよう促す。 （　）内の例参照
	みんなが気持ちよく過ごすには何が大切か考える。	◎こうした公共の場で、誰もが気持ちよく過ごすために大切な事とは何だろう。 ・自分の事だけではなく、周りの人の事も考えようとすること。 ・互いに譲り合おうとする気持ち。	場の雰囲気をみんなで作ったことを押さえておく。 できるだけ身近な問題として考えさせる。

展開		・弱い立場の人々に優しく接しようとすること。 ・自分にできることは協力する。	
終末	感想を書く。	公共の場で過ごすのに大切な事とは何だろう。その他、今日の感想を自由に書こう。	

〈板書例〉

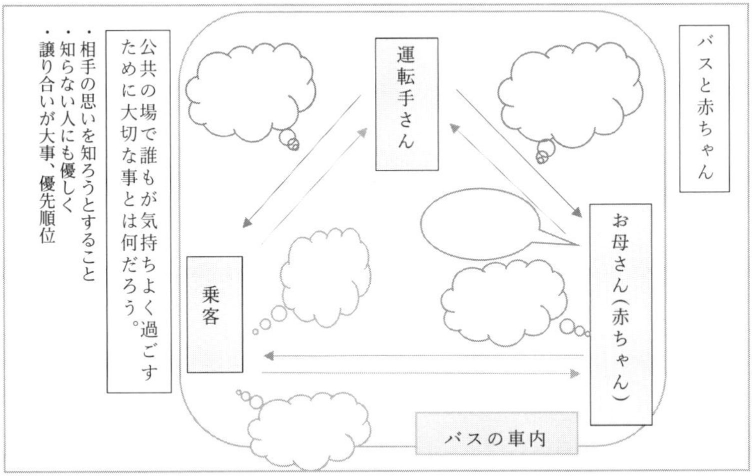

〈発問「公共の場で…大切な事とは何だろう」での生徒の実際の反応〉

Ｔ：16年間忘れられない心に残る思い出って何が心に残っているのかなぁ。

→Ａ：運転手や乗客の拍手、優しさ。　　Ｂ：日本が優しい。

Ｃ：All for One！

Ｔ：それってこのクラスの目標だね。（略）でも、公共の場でこういう優しさや「みんなは一人のため」って行動するのは難しいよね。先生も難しい。こうした公共の場で誰もが気持ちよく過ごすために大切な事って何だろう。

→Ｄ：相手の思いを知ろうとすること！　　Ｂ：知らない人にも優しく。

Ｅ：やっぱり、譲り合いが大事だと思う。　　Ｆ：優先順位!!

Ｔ：優先順位？

→Ｆ：子供や妊婦さん、自分は最後。　　Ｇ：お年寄りも先！

8　授業実践を通して

母、運転手、乗客それぞれの立場からの発問の中で、特に、途中下車しようとする母への運転手の気づきと配慮に言及する生徒が多く、「プロや…」と感心する者もいた。運転手の職責に対する高い意識を「プロ」と表現したと考えられる。中学校解説道徳科にもあるように、「勤労」と相まって主体的な社会参画と社会的な役割責任を果たすことが、よりよい社会の形成につながることにも気づける教材と言えるだろう。

発問「こうした公共の場で…大切な事は何だろう。」での生徒の発言は、特に肯定的に受け止めるよう留意した。なぜならば、実際の生活場面ではこうした場に出会うことは稀であり、ましてや自ら作り出すことは容易ではないからだ。生徒は、見知らぬ人々の中で自ら行動を起こすことは、大変な勇気や判断力が要ると分かりながら発言しているだろう。現実の場面を想定し、自分事として捉え、今の自分に可能な範囲内で「何ができるか」、「どのような視点が大切か」を考えた末の発言だろう。そうした発言を受け止め励ますことが、実際場面での実践意欲と態度につながるのではないかと考えた。

「優先順位！」と言った生徒は、普段目にする電車などの優先座席と本教材が改めて結びついた様子であった。今まで知識として持っていた優先座席に対する捉え方が、より深まったのではないだろうか。時間不足で「優先順位」の発言を更に掘り下げることができなかったが、「なぜ妊婦や子供、お年寄りが先なのか。」「それらの人々の中にも優先順位はあるのだろうか。」「どうやって優先順位を見極めるのか。」など、問い返しによって更に考えを深められるのではないかと考える。

（村田寿美子）

村田先生の実践に学んで　齋藤嘉則

村田先生の授業から、まず発問の文言を吟味することを学びたい。指導過程に配置された発問は生徒の発言を引き出すよう、生徒の思考の「癖」、すなわち特徴を十分に捉え考えた文言で構成されている。さらに、時中での生徒発言から、「プロ」や「優先順位」という発言を引き出し、次に、生徒の発表、発言に対して反駁、吟味をしながら生徒の考えをさらに深めることを大切にしている。事前の準備、時中の進め方の巧み、事後の振り返りから次の授業に生かす視点を得ることに専念されていることに敬意を表したい。

11　中学校第２学年での実践事例

1　教材名　「海と空－樫野の人々－」（出典「私たちの道徳」文部科学省）

2　主題名　真の国際人としての自覚（D 国際理解，国際貢献）

3　ねらい　長年主人公が抱いていた疑問を考えることを通して、世界の中の日本人としての自覚をもち、国際的視野に立って同じ人間として尊重し合おうとする道徳的心情を育む。

4　教材のあらすじ

イラン・イラク戦争の渦中、トルコ政府が提供した「救いの翼」で脱出できた主人公は、過去のエルトゥールル号遭難について知る。時や場所を超えても恩恵を忘れず、日本を思うトルコの人々に心を打たれた主人公を通して、世界の平和と人類の幸福に貢献する真の国際人とは何かについて考える教材である。

5　教材活用で大切にしたい点

国際理解や国際貢献といったねらいの土台は、「一人一人の人間が相手（国）を尊重すること」である。個々の考えが他国を理解しようという考えに至る時、それは国際的規模の相互扶助へとつながっていく。世界の中の日本人として、国際的視野に立ち、同じ人間同士尊重し合おうとする心を引き出していきたい。

6　授業実践における工夫や意識した点

（1）「宿題」として事前に教材を読み、印象に残った場面と理由をメモ

ねらいとする価値にむかって深く考えさせたいため、事前に生徒がどの場面に感銘を受けたり、疑問をもったりしたのか、その理由は何だったのかを明らかにする。宿題は事前に集約し、生徒の考えから発問立てをする。

(2) 「道徳議論班」の編成

事前に「宿題」の内容を集約し、多様な価値をもった生徒同士が議論し合えるよう、４人程度の「道徳議論班」を編成し、学びを深める。

7　指導の実際

<table>
<tr><td colspan="3">※教材の時代背景社会科と連携し、事前に社会科の授業等で背景などを把握する。
※「宿題」や「朝読書」で予め読み、個々の感想をもたせる。</td></tr>
<tr><td>過程</td><td>学習活動と主な発問と生徒の反応</td><td>支援及び指導上の
留意点・評価（★）</td></tr>
<tr><td>展
開</td><td>1　状況を把握する　　印象に残った場面を聞く
・トルコ人が日本人を助けたところ。
・かつては日本人がトルコ人のために力を使ったところ。
・樫野の人々が少ない食料を差し出しトルコ人を助けた。
・エルトゥールル号の遭難はかなり前のことなので、そのことが本当に影響しているのか。
・100年も前のことを考えて助けようと思うのか。
・自分の命だって危険なのに、なんでできるのだろう。

2　考える
心情把握
樫野の人々はどんな思いで飼っていたニワトリやサツマイモなどを残らず差し出したのだろう。
・ただただ助けたい。
・非常食はこういう時に使うんだと思う。当たり前。
・トルコ人も日本人も同じ人間だから。
他
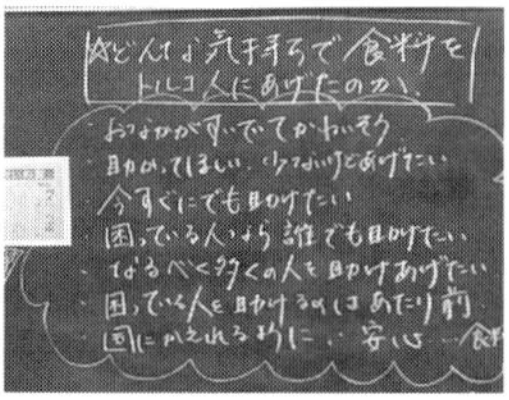
</td><td>・映像や写真を交えながら範読し視覚からの理解も図る。
・印象に残った場面を聞くことで道徳的課題への主体的な学びとしていく。

・日本政府が素早い決定ができない中、トルコ政府はトルコ人よりも優先し、まず、216名の日本人を助けたことを伝え、心情を深く追うようにする。

・樫野の人々は、遭難したトルコの人々を、同じ人間として意識をせずにただ助けたいという思いだったことに気づかせたい。樫野の人々がとった行動を丁寧に振り返りたい。</td></tr>
</table>

	３　考える ＜◎主発問＞ **価値への理解・把握** 「海と空が水平線で一つになるのを見つめながら・・・」 ◎「『1つになったもの』とは何だろうか。」 ・樫野の人々がトルコの人々を助けたことが、自分が今ここにいられることにつながっている。 ・樫野の人たちの行動が、今でもトルコの人々の心に受け継がれている。 ・国境はあっても、人間はどこにいても一つだ。 ・今、どこかの国で起こっている様々な問題も自分とつながっている。 ・海と空のように自分達も様々な国々とつながっている。	・日本人の献身的な行為に感謝したトルコ人の思いが100年もたった今でも続いているということに気づかせたい。 ・国境を越えて、時間を越えてもつながっている尊いものについて言及させ、ねらいに迫りたい。
	４　考えを共有する　＜議論＞議論班（４人）で＜思考＞の内容を互いに聴き、伝え合う。自分の選択や理由を共有し、意見を伝え合う。 ※議論内容に関しては図２～４参照 	（★国境を超えた人類へ手を差し伸べる事は尊い事と考え、議論しているか。） ・議論後再思考することにより、自分の考えを明確にしたり、変容させたりする機会をもうける。 ・どの思考も「ねらい」へ繋がっていることを意識させる。
	５　議論後に再度価値について追究する。＜再思考＞ **価値への追究** ◎「『1つになったもの』について議論し、それについてどう思うか。 ・国籍がどうであろうと、自分ができること、やれることはやっていきたいと強く思った。 ・先入観ではなく、自分が見たもので判断し、行動に移す気持ちが強まった。 ・どこの国出身でもその人を理解することが1つになること。 ・本当は身近なところから目を向けることが大切。 ・時を越えて世界とつながるために、次世代にもつなげていきたい。　他	（★議論から、見方や考え方が多角的になり、再思考の際に、国や民族を超えて誰もが幸せになるべきだと考えたか。） ・議論後再思考することにより、自分の考えを明確にしたり、変容させたりする機会をもうける。 ・どの思考も「ねらい」へ繋がっていることを意識させる。

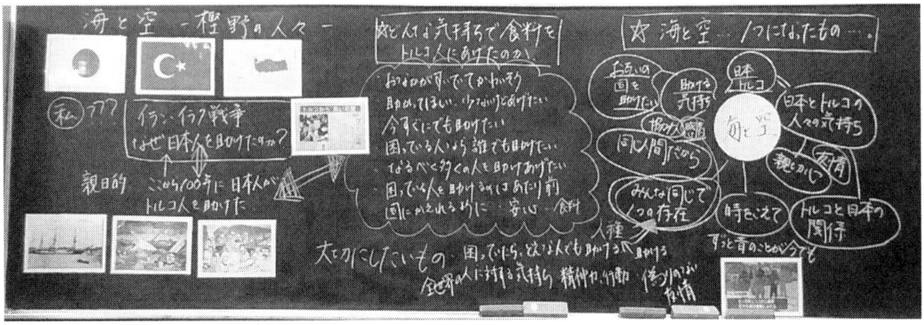

※　中心発問に対する４人班での議論の様子

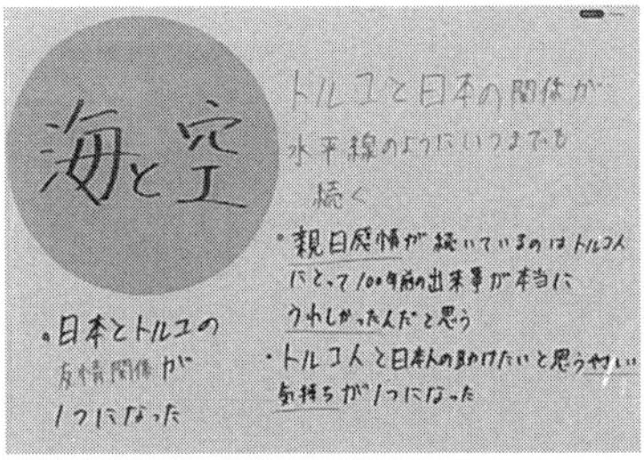

【A班での議論】

「水平線のように続くトルコと日本の関係」だと話し合っている。

議論の途中で、「人と人の想いは国を超えてもつながっている。」との発言がみられた。

【B班での議論】

議論当初から「会ったことはないけど、トルコの人たちが近くに感じられるよね。」との共有がなされていた。さらに、特別なことではなく普段からの良好な関係が未来をつくっていくとの意見が出ていた。

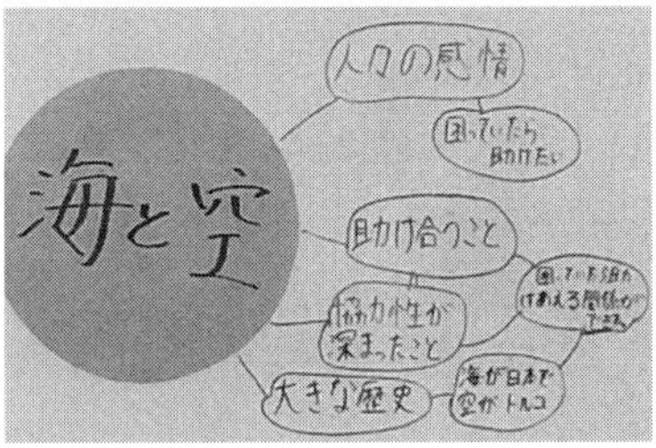

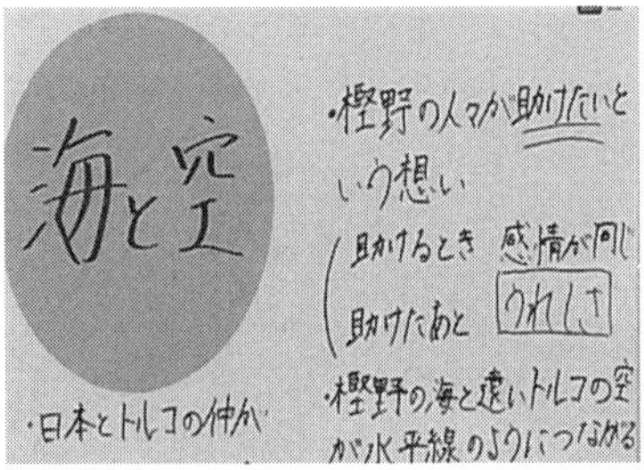

【C班での議論】

議論の途中で、「うれしさ」という内容があった。「時や国を超えても、助ける方も助けられた方も同じうれしさがあったと思う。」との発言があった。「今でも未来にもそんな関係をつくっていきたい」という言葉が聞かれた。

8　授業実践を通して

授業の終わりに生徒が「時を超えて、国を超えて支え合っている。まずは自分を含めた日本人ができることは、それぞれの国について知り、お互いのために寄りそっていくことだと思う。」と発言した。

「海と空－樫野の人々－」の授業を通して学んだことが生徒個々の心に残り、これからの自分への期待や希望となっていると実感した。「宿題」から授業へと生徒の思考をつなげることにより、主体的に考え、他者の感想やその理由に疑問をもつことで自分の考えを明確にすることができた。生徒の振り返りには、

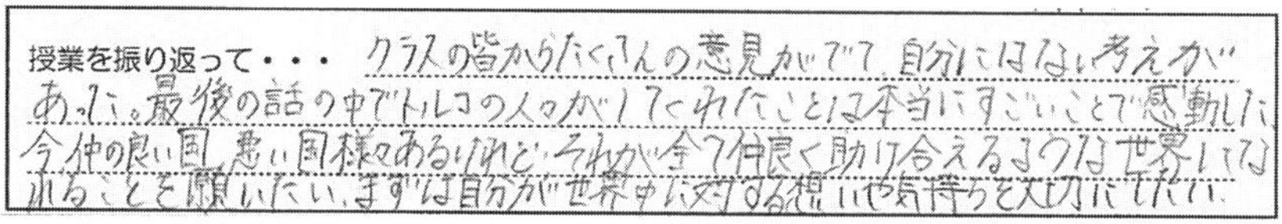
授業を振り返って・・・ クラスの皆からたくさんの意見がでて、自分にはない考えがあった。最後の話の中でトルコの人々がしてくれたことは本当にすごいことで感動した。今仲の良い国、悪い国様々あるけれど、それが全て仲良く助け合えるような世界になれることを願いたい。まずは自分が世界中に対する想いや気持ちを大切にしたい。

とある。「たくさんの意見がでて、自分にはない考えがあった」のは、やはり、「宿題」の効果だと考える。国際理解や国際貢献について深く考えさせられる「海と空－樫野の人々－」の教材を用いて、生徒の学びをかけがえのないものにするためにも、教材を初めて読んだ時の気持ちを大切にし、その思いを発問に繋げることにより生徒の主体性が生まれる。その主体性は、授業内の充分な議論時間を経てねらいへとむかう。

道徳科における「宿題」は生徒の考えを尊重するものである。多面的・多角的な宿題の感想から、さらに生徒同士の学びが深まったと考える。（山本理恵）

山本先生の実践に学んで　　　土田雄一

本実践の大きな特徴は事前学習である。「宿題」と「社会科」を連携させて状況を理解する時間を確保とともに、授業内での議論する時間を確保している。「反転学習」ともいえる宿題の活用は大いに参考になる。宿題の初発の感想を生かした問題設定と「道徳議論班」の編成もユニークである。教師の生徒を尊重しようとする姿勢が学級経営を充実させ、道徳議論班での意見交換が円滑かつ充実したものとなり新たな気づきが生まれて、生徒の心に残る授業となった。

12　中学校第３学年での実践事例

1　教材名　二通の手紙（出典「明日への扉」学研）

2　主題名　よりよいきまりのあり方（C 遵法精神，公徳心）

3　ねらい　きまりが持つ意義と、安易にきまりを破ることの危うさに気付かせるとともに、社会に関わる多くの人の幸福につながるきまりの在り方を願う道徳的実践意欲を高める。

4　教材のあらすじ

動物園に長年勤める入園係の元さんは、事情を抱えた姉弟を入園させるが、姉弟が約束の時間になっても戻ってこなく、捜索活動が行われる。元さんのもとに姉弟の母親から感謝の手紙が届く一方で、会社からはルール違反に対する戒告処分通知が届く。二通の手紙を見て、元さんは職を辞することを決意する。

5　教材活用で大切にしたい点

この教材で「きまりの遵守」がゴールになってしまうと、姉弟を大事にしようとした元さんに共感した生徒が「きまりを進んで守りたい」と自分と関わらせて考えることは難しくなる。動物園に関わる多くの人々が幸福になるという想いがきまりに込められることで、きまり自体をより良くし、そういうきまりだからこそ「進んで守ろう」という考えにつながると考えた。

6　授業実践における工夫や意識した点

「(思いやりが大事で) きまりを守らなくてもいい」と考える側に、実際の動物園で起こった職員の判断で子どもにケガをさせてしまった事例を紹介し、安易な判断では動物園の存続自体が危ぶまれることもあり得ることに気付かせる。その一方で、「どんな事情があっても、姉弟は動物園に入りたいと願ってはいけなかったのかな」と教師から問い返すことで生徒の考えに揺さぶりをかける。

７　指導の実際

<table>
<tr><th>段階</th><th>教師の働きかけ
教師の発問・指示</th><th colspan="4">実際の生徒の反応</th><th>・留意点
※評価</th></tr>
<tr><td>導入
3</td><td>・きまりはなんのためにあるのだろうか</td><td colspan="4">・守るため：守らないと問題が起こるから
・守るため：法律は厳しいけど、学校のきまりなら守りやすいイメージがある。
・守るため：危ない目にあわないため、守らなきゃいけない（やぶっていいきまりはない）</td><td>・価値についての認識を確認し、本時のねらいに向けての方向づけをした。</td></tr>
<tr><td rowspan="4">展開
42</td><td rowspan="2">1 元さんがしたことは悪いことだったのだろうか</td><td>悪くない</td><td>どちらかといえば悪くない</td><td>どちらかといえば悪い</td><td>悪い</td><td rowspan="4">・授業前に教材を読ませ、自分の意見を黒板に貼らせた。
・４件法で確認するが、元さんの行動を断罪するのではなく、行為に善悪をつける理由をはっきりさせた。

・問い返しで、このきまりのままでは、事情を抱えて見られない子どもも出てくることをイメージさせて中心発問へつなげた。
・教材から離れず、教材の場面で考えさせた。</td></tr>
<tr><td>・正しくないと思うけど、悪くはない。人間味がある。だれも損をしていない。
・子どもたちがわるい。（だから子供だけで入れないのでは？）
・元さんは奥さんがいないので、家族（人）を大事にしたい想いがあったはず。
・姉弟の事情を知っている職員はみんな入れたいと思っている、元さんのとった行為は誠実なものだった。</td><td>・（入園時間を過ぎて入れるのはダメだけど）姉弟が楽しそうでお母さんには感謝されたから。
・入れたのは人間として正しい。
・入れちゃいけないことをわかっているから閉園時間に間に合うように約束している。</td><td>・（ずっと姉弟を見てきたから入れちゃう気持ちはわかるけど）やぶっていいきまりはないから。
・きまりはお客様を守るためにあると思うし、今回何もなかったらまた入れてしまうかもしれない（きまりをやぶりやすくなってしまう）。
・情に流されてはいけない。
・社会はきまりでバランスがとれている。周りに迷惑をかけてはいけない。</td><td>・子どもだけで入れてしまったら、子どもに責任を負わせることになる。
・やぶっていいきまりはない。
・前例を生んでしまったら、次回も破りかねない。</td></tr>
<tr><td>2「元さんのとった行動」と「きまり」にはどんな想いが込められていますか</td><td colspan="2">・姉弟にゾウやキリンを見せたかった。
・姉弟を幸せにしたかった。
・動物を見せる動物園の職員として、お客さんを最大限楽しませようとした。</td><td colspan="2">・子どもたちに安全・安心の状態で楽しく動物を見せたい。
・動物園の安全性が疑われると、来園者が減ってしまう。（最終的に子どもたちに動物を見せられなくなってしまう）</td></tr>
<tr><td>③新しいきまりを作るとしたら、どんな想いが込められていてほしいですか</td><td colspan="4">・お客さんの動物を見たいという想いを尊重する
・動物園自体を存続させることも大事にする
・元さんが姉弟に対して持った愛情をムダにしないような
・だれもが納得できる幅をもったもの
・動物園に来る人達の安全、安心
・動物園にどうしても来られないような弱い立場の人への思いやり
・できるだけ多くの人たちが動物園に来て幸せを感じられる
・働いている人たちがやりがいを感じながら働ける</td></tr>
</table>

終末5	**今日の授業でわかったことを書かせる** ・今日の授業で「きまりがなんのためにあるのか」についてわかったことを書いてください	・『きまり』はみんなが納得できるもの、安心・安全に楽しめるためのものでなければならない。 ・みんなが快適に過ごすためにきまりがある。人情も経営も考えた両者にうれしいきまりが最高。 ・きまりは守らなければならないが、犠牲が生まれる歯がゆさや奥深さを感じた。晴れ晴れとした元さんの決意をムダにするきまりは生まれてほしくない。 ・特別な事情がある可能性は否めないので、誰もが納得できて、多少は柔軟に対応できるきまりの在り方を模索していくことが大切なのかなと考えました。	・わかったこと：授業を通して新しく発見したこと、考えが深まったこと、考えが広がったこと ※道徳ノートへの記述

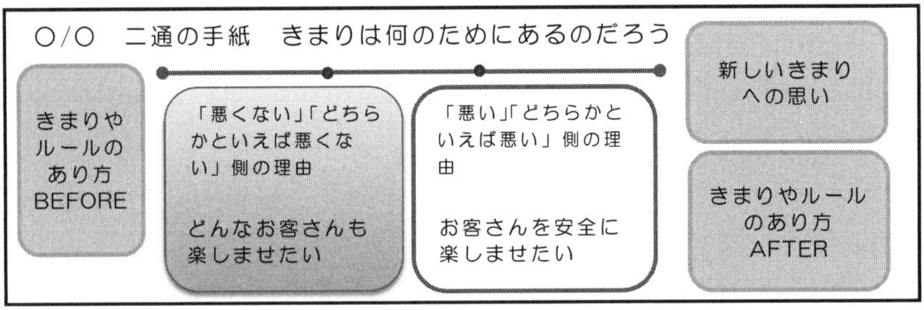

予想していたとおり、元さんの取った行動は「悪くない」（どちらかといえばも含む）と考える生徒は、「悪い」と考える生徒の意見を聞いても、「自分がよいことだと思えば、きまりをやぶっても仕方がない」と考えていた。しかし、実際の動物園で餌やり体験中にケガをしてしまった事例を紹介すると、「きまりをやぶってはいけないかもしれないが、でも姉弟を入れた元さんの想いはどうなる」という葛藤を抱えるように変容が見られた。

逆に、「悪い」と考えていた生徒に対しては、どんなに事情を抱えていても（誕生日やお母さんが忙しくて連れてくることができないなど）「きまりを守らなくてはいけないから、姉弟は動物園に入りたいと願ってはいけなかったんだね」と揺さぶりをかけると、「きまりは守らなくてはいけないけど、事情があって入れない人は楽しめない」という葛藤を抱えるように変容が見られた。

元さんの取った行動にも、きまりにも、「動物園の来園者に楽しんでもらいたい」という共通した想いがあることに気付き、その上で、今のきまりではモヤモヤした気持ちが解決しないことから、よりよいきまりを求めて、どんな想いが込められていてほしいかについて考えさせた。

授業後の振り返りでは、終末部分に示したように既存の「きまり」を問い直す視点で考えるものが見られた。

8　授業実践を通して

解説の「よりよいものに変えていこうとするなど積極的に法やきまりに関わろうとする意欲や態度を育てる」(45頁)という点を重視して授業を構成した。主権者教育の視点から考えると、よりよい社会をつくるために「きまり」を見直していく姿勢が重要である。また、「だれにとって」よりよい社会なのかと考えたときに、自分だけではなく、様々な立場の人がいることに気付き、マイノリティの人々にとってもよりよい社会を目指すことはSDGsの視点からも重要である。生徒の振り返りからは、このような視点に気付いたものが見られた。

複数の学級で実践したが、授業後の振り返りで「場合によってはきまりを破ってもよい」と考えたままに留まるなど、議論の時間を多くした学級に自分の意見に固執する姿が見られた。要因として「教材の読み」の違いが考えられる。議論の時間確保のために「事前読みだけ」で行った際、教材の世界観を自分の価値観のみで解釈しがちだと感じられた。そのため、同じ話をしているようで、共通の認識に欠け、相手の意図をくみ取れないで、議論がかみ合わないことにつながる。議論が目的にならないことの重要性とともに、同じ土俵で議論ができるように、教材の要点を整えることの重要性も感じた。　(佐々木篤史)

佐々木先生の実践に学んで　毛内嘉威

佐々木先生の実践のポイントは、多面的・多角的に考える問いと、道徳的価値を自分のこととして捉える問いを位置づけている点である。発問１では、４件法で理由付けることで多様な考えが視覚的にみられるようにしている。発問２と３では、「法や決まり」が集団に秩序を与え、摩擦を最小限にするための人間の知恵が作り出したものであること、社会の秩序と規律を守ることが安定した社会の実現につながることを考えさせている。また、導入の発問と中心発問とが繋がり、比較し関連付けて考えられるように工夫している。さらに、予想される具体的な学習状況を想定し、授業の振り返りの観点を位置づけるなど、道徳授業のPDCAを意識した授業構成になっている。

13 中学校第3学年での実践事例

1 教材名 足袋の季節（出典「自分をのばす」廣済堂あかつき）

2 主題名 人間として誇りある生き方（D よりよく生きる喜び）

3 ねらい
自責の念と甘い考えとの間で苦しみながらも、おばあさんの目と言葉に支えられ、後悔から逃げずに踏ん張って生きようとする強さ、気高さを理解し、弱さと向き合い、自分に恥じない、人間として誇りある生き方を追求する態度を養う。

4 教材のあらすじ

寒さと貧しさに追いつめられ、大福もちを売りにきたおばあさんから、釣り銭をごまかし、足袋の代金にしてしまった筆者。初めて月給をもらい、おばあさんを訪ねるが、既に亡くなっていたことを知る。以後、20何種類の職を転々としたが、おばあさんの目と言葉に支えられ、挫けずにやり通してきた。おばあさんからもらった心を、今度は誰かに差し上げなければならないと思う。

5 教材活用で大切にしたい点

大正時代末期の北海道小樽を舞台にした実話であり、貨幣価値の違いなど、時代背景や状況理解に補足は必要であるが、中心発問にたっぷりと時間をかけ、ねらいに迫れるようにしたい。また、筆者の心情理解に留まらず、自己を見つめ、今後の自分の生き方を考えられることに重点を置く。

6 授業実践における工夫や意識した点

中学3年生の後期に「人間として生きることに喜びを見いだし、現在の自分の弱さや限界を乗り越え、誇りある人間らしい生き方に近づく」ことを主題とした3時間構成の単元学習を行った。第1時「二人の弟子」（私たちの道徳）に続いて本実践を行い、第3時は「終わりのない旅に」（文部省資料）を行った。

７　指導の実際（中学３年生の11月に実践したときの指導案の一部と板書である。）

	学習活動（発問と予想される生徒の意識）	指導上の留意点
導入	１　本時のテーマを知る。 過ちや失敗に対して、人間はどう生きていったらいいんだろう。 人間生きていれば、ちょっとした過ちを犯してしまったり、失敗してしまったりすることはあるものです。そのことに対して、どのような思いや考えをもって今後生きていくべきか、今日はじっくりと考えていきましょう。	・本時の課題を示し、問題意識をもたせるとともに、学習の見通しをもたせ、ねらいとする価値への方向付けを行う。
展開	２　教材「足袋の季節」を聞き、話し合う。 ◎　私は、おばあさんのあのときの目と言葉をどのようにとらえて今を生きているか。 ・自分に対する戒めとして、二度と同じ過ちを起こさないという決意と覚悟をもって生きている。 ・自分の弱さ・甘さを見抜かれたものとして、それに負けないよう、自分に恥じないように生きていく。 ○　自分はこれからどう生きていこうと思うか。 ・自分にも苦しいときに楽な方向を選んでしまう弱さがある。でも、そんな自分を情けないと思う自分もいる。後悔しても、後悔を抱えながら生きていきたい。 ・周りに流されてしまったり、ごまかしてしまったりする自分の弱い心を変えていきたい。	・概要を捉えさせる。 ・「どうして40年もの間、忘れないのか」「忘れてしまった方が楽になるのではないか」といった補助発問を必要に応じて行う。 ・決意表明ではなく、筆者と自分を照らし合わせ、今の自分にも逃げたい気持ちがないか、今後どうしていきたいか等を語らせる。
終末	３　本時の学習を振り返る。 ○　今日の学習で学んだこと、気づいたこと、改めて課題となったことを発表しましょう。 ・○○さんの意見のおかげで、人間は誰もが弱さをもっていることが分かった。その弱さと向き合いながら生きていくことはとても大切だけど、弱いからこそお互いに支え合って生きていけたらいいと思った。	・誰のどんな意見が参考になったかを発表させて、雰囲気を温かなものにする。自分の意見が級友に役立ったことを実感し、自己有用感がもてるようにする。

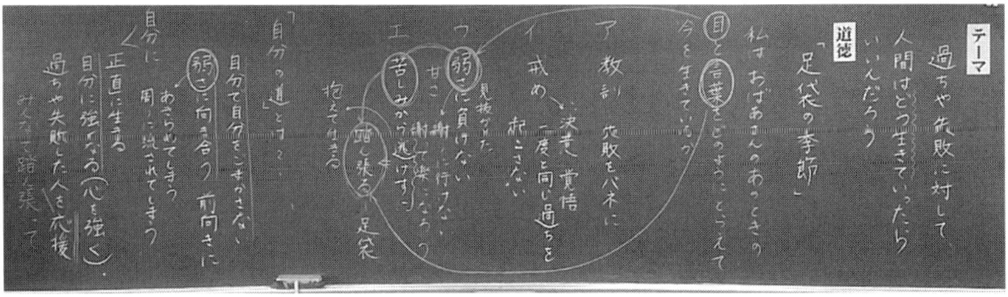

中心発問では、「ちらっと私を見たときの目」と「ぼそっとふんばりなさいよ

と言った言葉」に支えられていることから、「失敗をバネに頑張れといった教訓」と捉えた者もいたが、何か物足りない、そんな軽いものではない、それは自分に都合のよい解釈ではないかと考える者が多くいた。そんな中、ある生徒(S1)の発言が授業を動かした。

S1・・・ おばあさんの目は、私の心の弱さを見透かした目ではないか。
T ・・・ 私の心の弱さってどういうもの？
S1・・・ お金をかすめ取ったこともそうだけど、謝りに行けないことと、月給と果物かごを持って謝りに行って許してもらおうと思っていること。
T ・・・ 許してもらおうと思っていることが弱さ？
S1・・・ お金を返して、許してもらって楽になりたい、後悔や苦しみから逃れたいと思っているんじゃないだろうか。そこが弱さだと思う。
S2・・・ なるほど。じゃあ踏ん張りなさいよって言葉は、その苦しみに耐えなさいとか、こらえなさいってことじゃない？
S3・・・ あぁ確かに。それで、おばあさんが亡くなっていたことを知って決心が固まっていうか、もう逃げることはできないし、逃げるのをやめようと思って、自分の弱さをしっかり抱えて生きる道を見つけたんだ。
S4・・・ 分かった。果物かごを川に流したのと同時に、甘い自分も流したって感じか。

S1の発言を皮切りに「私」の心の弱さが浮き彫りになっていった。ここで、S3から出た「生きる道」という言葉を基に、「私」を鏡にして、自分にとっての「生きる道」を考えさせることにした。生徒たちは次のように語った。

・私の自分の道というのは、これからもっと苦しいときやちょっとした過ちを犯してしまったときに、自分で自分をごまかして「仕方がない」「もう終わってしまったことだ」などと思うのではなく、自分の弱さに向き合って、その壁を乗り越えて前向きに生きる道だと、この時間を通して考えました。
・「道」は、自分だったら過ちや失敗してしまった人を応援できる人になりたいです。今私たちは受験の時で、○○の意見に「心が弱ってくると過ちを犯しやすくなる」と言っていて、苦しいときが来ると思うけど、みんなで踏ん張っていきたいと思った。

各々がもつ弱さをさらけ出しながら、あるいはもがき苦しみながら、それでも必死に自分の進むべき道を見出そうとする生徒たちの発言は、どれも心に響くものであった。

8　授業実践を通して

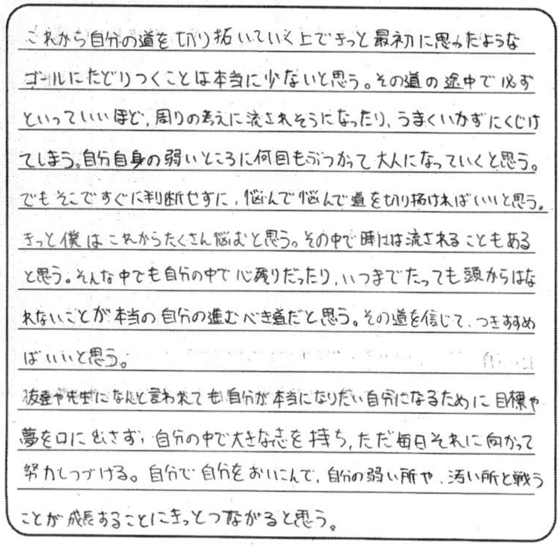
これから自分の道を切り拓いていく上できっと最初に思ったようなゴールにたどりつくことは本当に少ないと思う。その道の途中で必ずといっていいほど、周りの考えに流されそうになったり、うまくいかずにくじけてしまう。自分自身の弱いところに何回もぶつかって大人になっていくと思う。でもそこですぐに判断せずに、悩んで悩んで道を切り拓ければいいと思う。きっと僕はこれからたくさん悩むと思う。その中で時には流されることもあると思う。そんな中でも自分の中で心残りだったり、いつまでたっても頭からはなれないことが本当の自分の進むべき道だと思う。その道を信じて、つきすすめばいいと思う。
友達や先生になんと言われても自分が本当になりたい自分になるために目標や夢を口にださず、自分の中で大きな志を持ち、ただ毎日それに向かって努力しつづける。自分で自分をおいこんで、自分の弱い所や、汚い所と戦うことが成長することにきっとつながると思う。

右は本実践を終えて生徒が記述した振り返りである。自分の弱さ、醜さと向き合い、自分で納得のいくゴールを目指し、自信をもって、成長していこうとする覚悟や未来の自分に期待感を抱いていることが伺える。中学３年生の後期は、受験勉強によるストレスや悩みを抱えながら、まさに自分の生きる道を模索する時期である。様々な葛藤を乗り越え、誠実に自分自身と向き合い、「自分の人生をいかに生きるか」という命題に対して、苦しくても目を背けず、納得いくまで考え続ける姿勢を大切にしてほしい。

（鈴木賢一）

鈴木先生の実践に学んで　齋藤嘉則

教材「足袋の季節」は道徳授業の古典中の古典である。それ故、膨大な実践記録があるが、その中でも鈴木先生の授業は俊逸である。その理由は、主題の理解のもとに、指導過程の中核に中心発問を据えて生徒の発言を十分に引き出している。例えば、生徒S1の発言を受けてそれを手掛かりとしながら生徒S3の「生きる道」という発言を誘発させ主題に迫ろうとしている。さらに、生徒の発言をよく聴いて、その場面、その場面で教師自身が判断しながら生徒の話し合いを進めている。この指導を可能にする条件は、日頃から学級担任として自分の学級での授業実践を積み重ねていることである。それと共に一連の発言を可能とする親和的な学習集団の育成がその背後にある。

14　中学校特別支援学級（自閉症・情緒）での実践事例

1　教材名　六千人の命のビザ（出典「新しい道徳2」東京書籍）

2　主題名　国境を越えた愛（C 国際理解，国際貢献）

3　ねらい　ビザを発行した杉原千畝の生き方を通して、世界の人々と接していくときの思い（あらゆる場で協働するよさ）を大切にしようとする心情を育てる。

4　教材のあらすじ

第二次大戦中、カナウス（リトアニア）の代理領事だった杉原。ビザを求め領事館には多くのユダヤ人たちが集まった。杉原は外務省に打電するが、三回とも「否」の回答。葛藤の末、ユダヤ人たちを見捨てられなかった彼は、独断でビザの発給を決める。そして、彼は列車が出るまでビザを書き続けた。

5　教材で大切にしたい点

主人公の葛藤には、生命尊重、思いやり、自分自身が納得できる生き方（自主、自律、自由と責任やよりよく生きる喜び）といった、多くの道徳的価値が複合的に絡んでいる。生徒の困り感を把握しながら、ねらいとする【国際理解，国際貢献】からぶれないように、補助資料を活用して理解の支援としたい。

6　授業実施における工夫や意識した点

○ 思考ツール（Y字チャート）の活用

Y字チャートは、「3つの視点」から多くの考えを書き出し、それらをつないでまとめたり感想をもたせたりすることができる。特別支援学級の道徳科でも、視覚的なよさを生かして活用できる。個々の内容の組み合わせや対比により対象を深く観察した結果、「考えを生み出すようにする」ことがねらいである。本時では、展開で主人公の葛藤を視覚的に支援する際に活用する。

7　指導の実際

指導に当たっては、生徒の集中力や思考の連続性にも配慮しながら発問を吟味し、次のような展開案（抜粋）を構成した。

学習過程	学　習　活　動	○教師の支援と工夫　◇評価
杉原千畝がビザを発給したのは、ユダヤの人々に対するどのような思いがあるからか。		
2 「六千人の命のビザ」を基に自己内対話を通して自分の考えをまとめていく。	○　杉原千畝の行為の捉えを各視点から整理する。 【ユダヤ人たちにとって】 【杉原千畝本人にとって】 【生徒本人にとって】 ◎　3者の視点に共通しているのは、どういうことだろうか。	○　板書でY字チャートを活用する。 ○　本人の立場からすれば、自分の意見がユダヤの方の視点、杉原の方の視点のどちらの思いが込められているのかを整理させていく。 ○　それぞれの立場での考え方について自由記述しながら話をさせることで、その理由や根拠、価値観を表出できるようにする。
3　本時のまとめをする。	○　杉原千畝の生き方や考え方から何を感じましたか？	○　杉原千畝さんのその後を紹介することで、杉原千畝さんの生き方を肯定的に捉えられるようにする。 ◇　ビザを発行した杉原千畝の生き方を通して、世界の人々と接していくときの思い（協働するよさ）を大切にしようとする心情が表出したか。

○ 導入（教材の関心を高め、杉原千畝の行為を的確に捉えさせる）

事前に教材を読ませ、内容を把握させた。導入で、改めて「杉原千畝」の紹介と補足説明を行い、内容理解をさせ、課題意識をもって授業に臨ませた。

【内容理解のために補助資料を活用する場面の様子】

T：「すぎはらちうね」と読みます。モニターで紹介しますね。

【モニターで提示したもの】

○杉原千畝の駐在地　○領事館の捉えとその仕事　○ビザの意味と現物

○時代背景（当時のヨーロッパ情勢、日本との関係）

○ドイツのユダヤ人政策

○ユダヤの人々がドイツから逃げる経路

T：このような状況の中で、杉原千畝さんにはどのような出来事があったのか……。「六千人の命のビザ」をもう一度読んでみましょう。

○ 展開（杉原千畝の生き様から見えてくることは）

教材の読み合せ後、杉原千畝の行為を「ユダヤの人々」「杉原千畝自身」の2つの立場から考えた自分の語りを可視化させるために、「Y字チャート」を利用した。まとめた考えを基に、次のやり取りをして、生徒に共通点を探らせた。

【Y字チャートでまとめ、共通点を探す場面の様子】

杉原千畝の葛藤を意識させるために、「逃げても非難がないこと」を強調し、その上で「それでもビザを発行したこと」を押さえた。それから、「杉原千畝さんがしたようなことをどう思いますか」と問うた。

【①ユダヤの人々からすると杉原千畝のしたことは】

○早く発行してくれ。ヒトラーから逃げられる、頼む。

○ありがとう。

【Y字チャートの利用】

【②杉原千畝からすると自分のしたことは】

○発行すべきか、発行しないべきか。

○この人たちも私たちのように命がかかっている。

○退去しなければならない。やれることをやろう。

○アドルフ・ヒトラーに目をつけられたくない。

○ビザがないと逃げることができない。

【③あなた自身からすると杉原千畝がしたことは】

○こんなことをやるなんて、すごい。

○僕だったらできない。

そして、〰〰の部分に着目し、詳しい説明をするように促した。

T：**「やれることはやろう」**とは、どういうこと？

S：ヒトラーに目をつけられたくないが、ユダヤの人々の命を犠牲にしたくない。**人の命は、何人でも同じ**。ビザがないと逃げられないのだから、「やれることをやろう」と思った。それが**「人としての道」**だと思う。

T：人としての道？

S：**人として当たり前のこと**をする。

T：あなたは杉原さんが**「すごい」**と考えた。どんなところがすごいの？

S：**僕だったらできない**ところ。自分には**「勇気」**がない。

T：何の勇気？

S：命令に背くこと。けど、**ビザを発行しなかったことを後悔したくない**。だからすごい。

【板書を基に共通点を探す】

「自分が大切だと思うこと」に注目させ、「何が見えてきたか」を問うた。

【ここから見えてくるものは？】

○命は命であるということ。国とか、住んでいるところだけ違う。

○人のためには勇気がいる。それは、人としての道（人としての正しさ）であること。

☆「ありがとう」のつながり

T：なるほどね。

もう一つ。「ありがとう」は自分が相手に表す言葉だよね。「人として」と考えるとき、「ありがとう」はつながってくると思う？

S：（うなずく）

T：じゃあ、「**ありがとうのつながり**」（☆）を付け足してもいい？

S：はい。

○ 終末（杉原千畝のその後と本時の語り直し）

【生徒のワークシート】

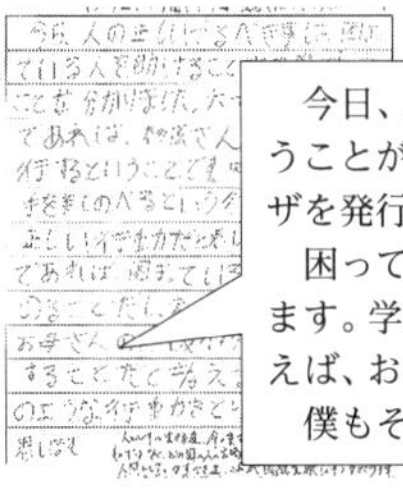

今日、人が正しくするべきことは、困っている人を助けることが大事だということがわかりました。「六千人の命のビザ」でいうのであれば、杉原さんがビザを発行するということです。

困っている人に手をさしのべるという行動は、人として正しい行動だと思います。学校生活であれば、困っている人の相談にのることだし、家庭生活でいえば、お母さんのご飯作りを手伝ったりすることだと考えます。

僕もそのような行動をとりたいなと思います。

杉原千畝は情勢と信念との狭間の中で、ビザを書き続けた。彼が「その後どうなったのか」は、生徒にとって素朴な疑問だろう。エピローグとして、「杉原千畝のその後」について紹介し、それから本時のまとめとした。

【第二次の板書】

8　授業実践を通して

生徒の価値観は、複合的価値になった。しかし、「他者との共生」「公正公平に接する」といった「学習指導要領に記載されている指導の要点部分」は、授業中のやり取り（展開：逐語録内の太字）の中で表出した。今回の子どもの思いが、今後の【国際理解, 国際貢献】に目を向ける第一歩になっていくと考える。

（小島啓明）

小島先生の実践に学んで　清水顕人

特別支援学級の生徒の困り感や個々の状況に応じた具体的な活動や支援の実践は、通常学級でも深い学びを追究する上で大変参考になる。

本実践では、「Y字チャート」と教師からの「問い返し」を組み合わせているところにポイントがある。Y字チャートの活用は、生徒が道徳的価値に係る事象を3者の立場から多面的・多角的に考察できるようにしている。その際、小島先生は「～とはどういうこと？」と生徒に問いかけ、その答えに対してさらに問い返している。このような教師からの問い返しは、生徒自身が自分自身を見つめることを促し、考えの深まりにつながると言える。「生命の尊さ」「希望と勇気」など、多様な道徳的価値についての理解を基に、生徒が「人として」の生き方について考えを深められる授業となっている。

第4章

道徳教育の充実に向けた推進体制や校内研修・学年団研修

1　道徳科を要とした道徳教育の推進

1　はじめに

道徳科に求められているのは、児童生徒一人一人が生きる上で出会う様々な道徳的諸価値に関する問題や課題を主体的に解決するため、また、人間としてよりよく生きるための行為を自分でしっかりと判断し、実践できるようにするための資質や能力である。

しかし、道徳科の授業で道徳的実践の指導を行うことではない。道徳科の授業については、問題解決的な学習や体験的な学習を取り入れ、指導方法を工夫し、子供が多様な価値観を前提にして、他者と対話したり協働したりしながら、主体的に考え、議論する道徳科への転換を意図している。年間35時間が確実に確保されるという量的確保、そして、答えが一つではない道徳的な課題を児童生徒一人一人が自分自身の問題と捉え、向き合う「考え、議論する道徳」への質的転換が求められている。

2　学校に求められる姿勢

我が国の教育は、教育基本法第１条に示されているとおり「人格の完成を目指し、平和で民主的な国家及び社会の形成者として必要な資質を備えた心身ともに健康な国民の育成を期して行われ」ている。人格の完成及び国民の育成の基盤となるものが道徳性であり、道徳性を育てることが道徳教育の使命であり、各学校にはそれを実現する責務がある。

道徳教育においては、人間尊重の精神と生命に対する畏敬の念を前提に、人が互いに尊重し協働して社会を形作っていく上で共通に求められるルールやマナーを学び、規範意識などを育むとともに、人としてよりよく生きる上で大切なものとは何か、自分はどのように生きるべきかなどについて、時には悩み、葛藤しつつ、考えを深め、自らの生き方を育んでいくことが求められている。さらに、道徳教育の課題として、様々な文化や価値観を背景とする人々と相互に尊重し合いながら生きることや、人間の幸福と社会の発展の調和的な実現を図ることを挙げている。学校には、この課題への対応が求められている。

3　道徳教育の展開と道徳科

道徳教育は人格形成の根幹に関わるものであり、同時に、民主的な国家・社会の持続的発展を根底で支えるものでもあることに鑑みると、生徒の生活全体に関わるものであり、学校で行われる全ての教育活動に関わる。各教科、総合的な学習の時間及び特別活動にはそれぞれ固有の目標や特質があり、それらを重視しつつ教育活動が行われるが、それと同時にその全てが教育基本法第１条に規定する「人格の完成」と「心身ともに健康な国民の育成」を目的としている。したがって、それぞれの教育活動においても、その特質を生かし、生徒の学年が進むにつれて全体として把握できる発達の段階や個々人の特性等の両方を適切に考慮しつつ、人格形成の根幹であると同時に、民主的な国家・社会の持続的発展を根底で支える道徳教育の役割をも担うことになる。

中でも、特別の教科として位置付けられた道徳科は、道徳性を養うことを目指すものとして、その中核的な役割を果たす。道徳科の指導において、各教科等で行われる道徳教育を補ったり、それを深めたり、相互の関連を考えて発展させ、統合させたりすることで、学校における道徳教育は一層充実する。こうした考え方に立って、道徳教育は道徳科を要として学校の教育活動全体を通じて行うものと規定している。

4　道徳科で育成する資質・能力

今回の改訂では、知・徳・体にわたる「生きる力」をより具体化し、教育課程全体を通して育成を目指す資質・能力を、「知識及び技能」「思考力・判断力・表現力等」「学びに向かう力・人間性等」の三つの柱で整理するとともに、各教科等の目標や内容についても、この三つの柱に基づく再整理を図った。今回の改訂では、「何ができるようになるか」という資質・能力を明らかにし、「どのように学ぶか」という学びの質を高めていくことが求められている。その学習・指導改善の視点が「主体的で対話的で深い学び」である。道徳科が目指す「考え、議論する道徳」とは、言い換えれば「主体的・対話的で深い学び」の実現である。

児童生徒にとっての主体的な学びの主な姿とは、自らの考えをもち、考えを発言したり、書いたり、ときには教材や教具を使って表現したりするような真剣に考える姿である。対話的な学びの姿とは、友達や教師等と話し合ったり、ときには自分の心の中で自問自答したりする姿であり、ねらいとする道徳的価値について教師が明確な意図をもって授業を行うことこそが「深い学び」となり、児童生徒の道徳性を育むことができる。

５　道徳科における「主体的・対話的で深い学び」の実現に向けた授業改善

「主体的・対話的で深い学び」について、中央教育審議会の答申においては、「主体的な学び」「対話的な学び」「深い学び」それぞれの学びの視点について説明している。しかし、実際の道徳科の授業で考えてみると、簡単に切り離して考えられるものではなく、相互に関わり合いながら展開され、児童生徒は、道徳的価値に関わる学習の中で、考え、議論しながら道徳性を養っていく。

道徳科の授業では目標に示された「道徳的諸価値についての理解を基に、自己を見つめ、物事を（広い視野から）多面的・多角的に考え、自己（人間として）の生き方についての考えを深める学習（筆者注）」の部分をしっかりと捉え、児童生徒が主体的に道徳性を養うための指導が求められている。この学習活動に着目すると、「主体的・対話的で深い学び」の姿が明らかになる。

「主体的・対話的で深い学び」を実現するためには、多様な意見を受け止め、認め合える学級の共感的な雰囲気がなくてはならない。児童生徒は、互いに感じたことや考えたことを表現し、伝え合うことを通して、自己の生き方についての考えを深めていく。教師は、授業を通して、児童生徒理解を深め、これを学級経営に生かすということが大切である。

６　道徳科を「要」として推進する道徳教育

道徳科はひと言で言うならば道徳教育の中核的な役割を果たす「要」としての位置付けがある。「要」とは、古来より我が国が伝統的に愛してきた扇を手にするときに触れる「要」のことである。

扇は「要」に向かって骨が集中し、それらが扇面を作り出すことによって風を生み出すことができる。扇面には様々な教育活動が展開されているが、道徳科はそれらの活動の心を育てる部分に関わって中心的な役割を果たさなくてはならない。

7　道徳教育を推進する上で配慮したいこと

道徳教育を進めるに当たっては、児童生徒の発達の段階や特性等を踏まえるとともに、学校、地域社会等の実態や課題に応じて、学校としての指導の重点に基づき指導内容についての重点化を図ることが大切である。どのような内容を重点的に指導するかについては、最終的には、各学校において児童生徒や学校の実態などを踏まえ工夫するものであるが、その際には社会的な要請や今日的課題についても考慮し、次のことについて留意することが求められる。これらとあわせて、自己（人間として）の生き方について理解を深めることは、全学年を通じ、学校教育のあらゆる機会を捉えて、全ての内容項目と関わるように配慮しながら指導することが求められる。

(1)　教師と児童生徒及び児童生徒相互の人間関係を深めること

・日常の生徒指導や教育相談、集団活動としての特別活動などがこの指導の場として生かされる。

(2)　家庭や地域社会との連携を図ること

・道徳教育は学校だけで進められるものではなく、むしろ家庭や地域での教育を原点として進めるものである。特に児童生徒の道徳的実践を促す視点からも、保護者や地域住民との協力を深めることを大切にする。

(3)　豊かな体験を通して児童生徒の内面に根ざした道徳性を育成すること

・学校では、特に集団宿泊活動、職場体験活動、ボランティア活動、自然体験活動などの体験活動を計画的に進めることを通して心豊かな道徳性を育むようにする。

【引用・参考文献】

・東京学芸大学総合的道徳教育プログラム（2012）『教職資料　新しい道徳教育〈改訂版〉』東洋館出版

・毛内嘉威（2018）『道徳授業のPDCA－指導と評価の一体化で授業を変える－』明治図書

（毛内嘉威）

2　校内研修・学年団研修の多様な在り方

1　教員ニーズより

第1章の4「教員の課題意識を踏まえた道徳科の授業づくり」でも指摘されているように道徳授業力を高めるために、「発問づくり」研修や相互の授業参観等の提案がされている（2019、松田・土田）。本稿では、校内での教員研修の多様なアプローチについて述べる。

2　相互授業参観の実施

まずは最も手軽で意味をもつものは「相互授業参観」である。特に若年経験者はモデルとなる道徳授業の参観を求める傾向がある。校内で道徳推進教師や道徳主任等の授業参観をお願いして、見せてもらうとよい。その際、参観の観点を決めておくのがポイントである。参観の観点として、①導入のしかた②教材提示の方法③発問（中心発問・補助発問）④学習形態（一斉・グループ・ペア等）⑤終末・まとめ⑥机間指導のしかた⑦板書⑧ねらいへのアプローチ等が挙げられる。併せて、子どもの発言に対する受け止め方や問い返しにも注目したい。

その他、「若年経験者の躓き傾向」（2016、松田・土田）を踏まえた観点もある。①導入は長すぎないか②教師の話が多くないか③子どもの意見を拾えているか④子ども同士の意見の交流は適切か⑤ワークシートに書かせ過ぎていないか等である。授業者は参観者に「見てほしいポイント」を示しておくとよい。

3　ミニ・ローテーション授業の実施

次に、小学校において道徳授業は、同じ教材では1回のみである。他の授業でもいえることだが、複数回やれば、あとの方がポイントを押さえた指導ができる。教員のセルフ授業FDである。単学級ではむずかしいが、2学級では交換授業をすれば、1教材を2クラスで展開できる。4クラス以上だとローテーションを回すのがたいへんとなるため、A・Bのブロックに分けて、2～3クラス程度の交換授業をすることを提案したい。毎回ではなく、学期に2回程度実施するだけでも効果はあるだろう。

また、他学級の児童理解もでき、よい点を担任に伝えれば、評価の一環にも活用できる。(評価は複数の目で見ることも大切である。)

4　自主授業研修会とブリーフィング（ミニ会議）

校内研修というと「やらされている感覚」はないだろうか。そこで、自分たちで自主的な研修グループを作ることを提案したい。そして、多忙化にならないように次の２点に留意したい。

①指導案づくりに時間をかけない。②振り返りの時間にも時間をかけない。また、「初任者研修」や「○年経験者研修」と重ねて実施すると一石二鳥である。

以下、実際の取組例（2019、中田）を紹介する。市川市内公立中学校での取組であるが小学校でも工夫次第で実践可能である。

（1）　自主道徳研修ユニットACTの取組

希望者３名で一組の道徳研修ユニットACT（Annexable Core Triangle）を結成。希望者を少人数にすることで、協働性を促進し、研修効果を高め、多忙感を軽減できる。また、柔軟に運用しやすく、話し合いがしやすいのが特徴。

（2）　相互授業参観とブリーフィング（ミニ会議）

自主研修の活動は、次の２点を中心としている。

①ACT式の相互授業参観

空きコマで相互授業参観できるように、その都度、授業交換を行う。交換なので、学校運営や総指導時数に影響を与えずに活動できる。小学校では専科授業等で空いた時間に参観することも可能であろう。

②ブリーフィング（ミニ会議：15分間）

放課後、15分間のブリーフィング（ミニ会議）で振り返りをし、授業改善につなげる。その際、付箋とICT機器を活用したブリーフィングシートを作成する（図1）。シートは、直感的に授業の流れがわかるように、指導案を模してある。図1「ア」は、授業のねらいと参観の観点を明確にするための領域である。育成したい８つの授業力（ねらいの意識が強くある、子どもの意見を拾えている・子ども同士の意見の交流がある、導入が長すぎない、教師の話は長すぎない、指導案通りに流そうとしすぎていない、ワークシートに書かせすぎてない、必要な間がある）に基づく「参観者に見てほしいポイント」を、授業者が選択してから授業に臨む。「イ」は、授業風景と板書写真である。「ウ」は、教師と生徒の行動分析である。Sは生徒、Tは教師、1は書く活動、2は話す活動を表し、30秒毎に記録してある。「エ」は、授業後に付箋を貼りながら、振り返りを行う領域である。

③ブリーフィング（ミニ会議15分）のポイント

ミニ会議の留意点は以下のとおりである。「また授業がしたい」と思える雰囲気づくりをする。まずは、授業者のよい行動を話題に上げる。改善点は、本人に気づいてもらう。「ブリーフィングシート」（図1）を見るだけで「教師の話が長い・多い」等、気づくことも多い。話の重複はさけ、15分間をきちんと守る。授業者第一で考える。シートは授業や授業者のよさが伝わる記述をしたい。意見をつなぐコーディネーターが重要になる。さらに、職員室に協議後のシート（図1）を掲示するなどして、参観していない教員と振り返りを共有するとよい。

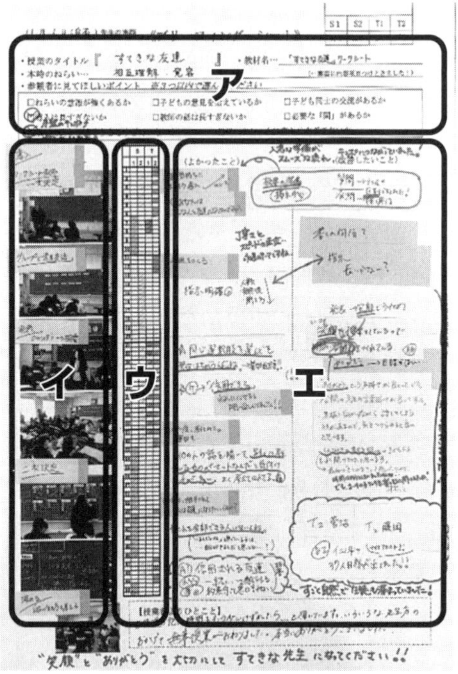

【図1　ブリーフィングシート】

この実践を通して、自主研修参加者が増えるとともに教員の授業実践意欲が高まったという。初任者研修と重ねて実施したことで初任者の授業力が向上したことと負担の軽減にもつながった。仲間で話し合い、支え合えるのもよい。

5　指導案検討を模擬授業で

校内で指導案検討をすると、何度も修正を繰り返して授業者が疲弊することはないだろうか。それならば、指導案検討を模擬授業に代えて実際に体験してみることをお勧めしたい。

　ポイントは、模擬授業者は別の教員にしてもらい、指導案作成者が児童役になることである。すると「発問がわかりにくい」などの子ども目線の気づきが生まれやすい。やってみてわかることは大きい。

6　教材・教具の保管と活用を

　教科化のメリットの一つに教科書の使用がある。教科書教材を使用する際に活用した指導案やワークシート、場面絵・写真などをセットで保管しておきたい（図２）。次年度の学年が助かる。働き方改革につながる。保管ケースは図工の作品入れや大判の袋等を活用するとよい。保管するだけでなく、次年度にどう活用するかがポイントである。

【図２　教材保管ケース（例）】

7　校内研修・学年団研修で「主体的・対話的で深い学び体験」を

　研修の目的は言うまでもなく授業力の向上である。モデルとなる授業を「見て」学ぶ段階から、相互参観等で「実践し、高め合う」段階へとステップアップしていきたい。教師が自分たちで高め合う体験は、「主体的・対話的で深い学び体験」である。この体験が、子どもたちへの関わり方を変えていく。

　教師の成長は子どもの成長につながる。

【引用・参考文献】

・松田憲子・土田雄一、(2019)「『特別の教科　道徳』についての小・中学校教員ニーズ調査」『神田外語大学紀要第31号』神田外語大学、289-311頁

・松田憲子・土田雄一、(2016)「道徳授業における若年経験者教員の躓き傾向」『千葉大学教育実践研究第19号』千葉大学、1-10頁

・中田豪一、(2019)「中学校における主体的協働的に道徳授業力向上をめざす取り組み―自主道徳研修ユニット(ACT)を核にして―」千葉大学教職大学院実践研究報告書、1-8頁

（土田雄一・松田憲子）

3　多様な研修の実際
～授業討議の工夫と道徳ノートの活用～

1　授業討議の工夫

研究授業後、より活発な授業討議が行われるようにするための三つの工夫を示す。いずれの工夫にも共通するのは、「焦点化」である。

(1)　参観者の課題意識を焦点化

授業討議において、付箋を用いることで討議の柱を見出すことができる。例えば、参観者は研究授業における「よかった点」と「改善点」を二色の付箋に分けて書き、右のように拡大指導案（学習指導案の学習指導過程を拡大印刷したものでよい）などに貼っていくのである。そうすることで、多くの付箋が集まった部分が討議の柱となり、参観者の課題意識を焦点化して討議を進めることができる。授業討議を進めていく際の司会者の留意点を以下に示す。

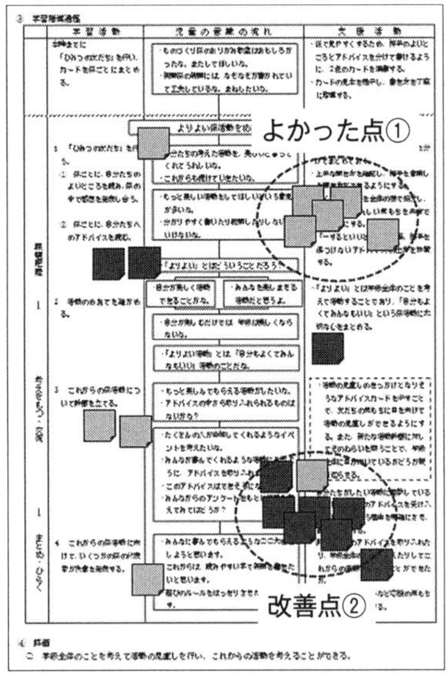

【拡大指導案】

・参観者に、似ている意見の近くに付箋を貼ってもらうように促す。
・最初は「よかった点」が多く集まっている部分（①）を取り上げ、その後「改善点」が多く集まっている部分（②）へと討議を深めていく。
・付箋の意見を取り上げ、記入した人にその意図を確認する。同様の意見がある際には、それをつないで発言するように促す。
・抽象的な発言や印象での語りに対しては、より具体的な発言を促す。
「この付箋の意見の意味について、できれば、授業場面や子どもの様子を具体的に示して発言していただけますか。」

(2)　個の様相に焦点化

道徳科の授業において、子どもたちの学習状況や道徳性に係る成長の様子を適切に見取ることが、授業や評価方法を改善していく上で重要である。その際、声の大きい子どもや発言回数の多い子どもに注目が集まりがちだが、個の様相を見取ることで新たな気付きが得られ、討議の活性化を図ることができる。

授業中に個の様子を見取るために、以下のような資料を事前に参観者に配布するとよい。個人情報として、後で回収できるようにしておく。

＜座席表＞子どもたちのよさや課題等を示した座席表を持ち参観することで、個別支援の有効性や対話場面での関わり合いの様子、個の変容を見取ることができる。授業者が気付いていないよさや課題の発見にもつながる。
＜個別の見取りシート＞授業全体の記録とは別に、ある子どもの様相を追いかけることで、働きかけの有効性や課題を見取ることができる。数人の子どもを抽出し、それぞれ担当者を決めて記録する場合もある。

授業討議では、これらの資料に記録した個の様相と、その子どもの道徳ノートへの記述などを合わせて見ていくことで、授業者や他の参観者が気付かなかった子どもたちの成長を捉えることができる。また、座席表に、教師の個への声かけや机間指導の動線などを記録し、授業改善につなげる取組も有効である。このような記録は、道徳ノートなどに書くことが苦手な子どもについて、学習の様子を記録する機会ともなる。

(3)　学習指導過程の段階に焦点化

道徳科の学習指導過程には、特に決められた形式はないが、一般的には「導入」「展開」「終末」の各段階を設定することが広く行われている。例えば「導入」の段階に焦点化して授業討議を行った事例を紹介する。

授業者は、授業前日までに右のような「道徳科 授業カード」を参観者に配布する。カードには、導入段階で授業者が行う工夫が示されてい

道徳科　授業カード

年　組	学習指導者	
主題名	教材	
	ねらい	
導入の工夫（主張点）		
めざす子どもの姿		

【道徳科 授業カード】

る。参観者はそこに注目して研究授業を参観するので、授業後の討議でも、導入の段階に焦点化して討議を行うことができるのである。このカードには、授業を通してめざす子どもの姿が示されていることがポイントである。導入の工夫によって子どもたちの学習への意欲が高まるだけに留まらず、その後の展開、終末の段階で子どもたちの学びが深まっている姿が見られることこそが重要だからである。なお、この事例では、導入段階だけを全員で参観し、展開や終末の様子は担当者が記録して授業討議で全員に伝えていた。また、このカードがあるので学習指導案を簡略化し、限られた時間の中で研究授業の準備を進め、効果的な校内研修が行われていた。

2　道徳ノートの活用

授業を通して子どもたちが感じたことや考えたことを捉えるためには、道徳ノートなどへの記述が大きな手がかりとなる。道徳ノートの活用方法の一つとして、三色の付箋を用いた小学校（中学年）の事例を紹介する。

(1)　振り返りの視点を明確にするために

道徳科の時間を通して考えたことを、授業の終末で振り返る際、「何を、どのように書けばよいのか分からない」という思いをもつ子どももいる。そこで、教師から下のような三つの視点を提示し、子どもたちが自分で視点を選択（複数も可）して振り返ることができるようにした。また、三つの視点以外にも、自分の思いや考えを自由に書いてよいこととした。各視点には、「(黄)…自分の課題や今後の目標を見つけられる」、「(青)…道徳的諸価値についての理解を深める」、「(赤)…自分のよさや成長を実感できる」というねらいがある。

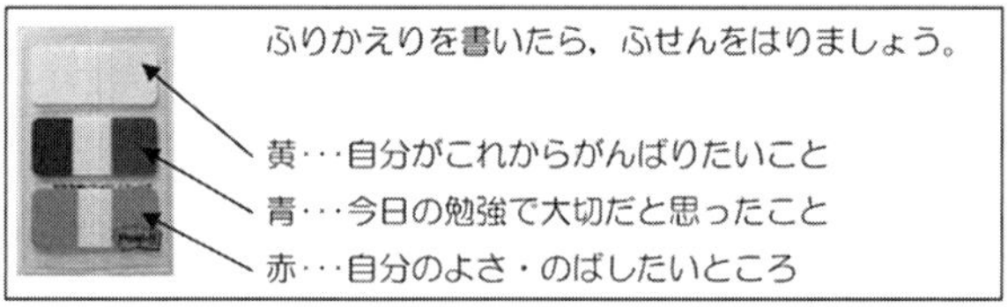

なお、視点を固定化せず、子どもたちの実態に合わせて内容や数を変更するなどして、子どもたちの心の内に多様な振り返りの視点を育てたい。

授業討議においては、子どもが選択した付箋の色（付箋はノートの端から出るように貼る）と授業中の様子を関連付けて考えたり、子どもへの授業者の関

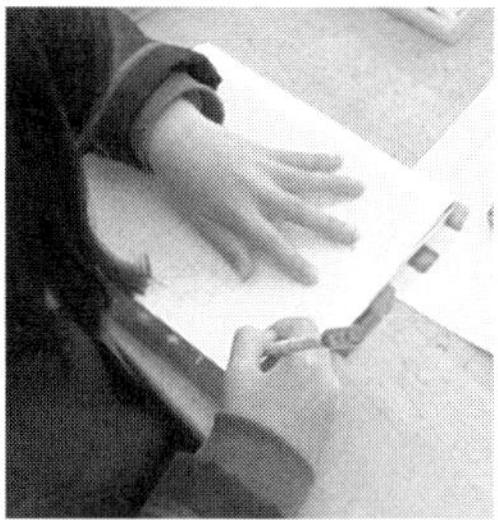

【道徳ノートに記述する子ども】

わり方と学級で多く選択された付箋の色との関連について話し合ったりすることができる。

(2)　自己の考えの変容や深まりに気付けるようにするために

道徳ノートを活用することで、子どもたちは自己の考えの変容や深まりに気付くことができる。それは、一時間の授業の中だけでなく、長期的な振り返りにおいても有効である。

ある子どもの長期的な振り返りの記述を示す。

> (以前の授業の振り返りでは) 黄色のふせんで、「これからは人のよさをたくさん見つけていきたい」と書いていました。今の自分は、人のよさ、友達のよさをたくさん見つけています。そうするとたぶん、友達も自分のよさを見つけてくれると思います。

この振り返りから、自己の変容に気付き、他者のよさに目を向けられている自分を肯定的に捉えていることが分かる。また、友達への信頼が高まっており、学級の支持的風土も醸成されていることがうかがえる。

このように、自分の課題 (黄の付箋) であったことが、自分のよさ (赤の付箋) に変わったり、同じ内容項目の教材を比較しても異なる色の付箋を貼っていたりと、長期的に振り返ることで、道徳ノートは多くの気付きを与えてくれる。

授業討議においては、ある程度の振り返りが蓄積された段階であれば、付箋の色の偏りや傾向を見いだせる。例えば、青の付箋が多ければ、道徳的諸価値についての理解は進んでいるが、自己の生き方についての考えを深めるには至っていないおそれがあり、授業改善が必要である。また、視点に「友だちのよい考えや取り入れたい考え」を加えれば、多面的・多角的に考えようとしているかを見取る手がかりとなる。その視点の振り返りが少なければ、授業の中で対話の機会を保障できていたかを、授業討議を通して話し合えるだろう。

【引用・参考文献】

・清水顕人 (2019)「振り返り場面における３色付箋を用いた道徳ノートの活用に関する一考察」道徳性発達研究第13巻、日本道徳性発達実践学会

(清水顕人)

４　校内の活性化を図る研修

１　３部会による道徳教育の推進

本校では、道徳プロジェクトチームを中心とし、下記の３部会を立ち上げ、全教職員がいずれかに属して取り組む体制を構築し、学年団会と道徳３部会を両輪とした「チーム詫間」として全教職員で道徳教育を推進した。また、校内全体では道徳科の研究授業後に、授業参観レポートをもとに、「発問」「話合い」「振り返り」の３つの視点で討議会を行い、教師の授業力向上につなげてきた。

授業研究部会	朝の道徳部会	道徳啓発部会
・年間指導計画の作成、周知 ・授業提案の分担、周知 ・ローテーション道徳の計画 ・実践事例の集約	・「イ～なの日」に全校で「朝の道徳」を実施 ・「朝の道徳」の計画と資料開発	・学びの校内掲示（道徳科の授業、「イ～なの日」の感想、「イ～なカード」等） ・道徳通信「こころの玉手箱」

(1)　授業研究部会の取組

①　道徳科の授業計画：道徳科の授業を全校で統一（金曜日４校時）し、行事予定に各学年の授業数を明記することで、年間35時間の授業時数を確保している。これをもとに、各学年で１年間の見通しをもって、年間指導計画を作成している。また、ローテーション道徳もこの部会が中心となって計画している。

②　授業提案：年間指導計画をもとに、授業研究部会が中心となり授業提案を行う。略案、板書計画を提案し、学年毎に検討を重ねて、授業を行う。

③　実践記録の集約：実践した授業は、実践記録として指導案（略案）や貼り物等の資料を学年毎に保管し、活用できるようにしている。

(2)　朝の道徳部会の取組

①　月１回の「朝の道徳」の計画：毎月17日を「イ～なの日」と名付けて、全校で朝の短学活に一斉放送で行い、生徒と教師が生き方についてじっくりと考える時間としている。季節や学校行事、総合的な学習の時間等と関連させて、月毎に実施する内容項目を決定し、１年間の計画を別葉に掲載している。

②　「朝の道徳」の資料開発：朝の道徳を始めた平成28年度は、「私たちの道徳」にある「この人に学ぶ」を活用し、偉人や著名人などの生き方を通して、生き

【朝の道徳実施計画（2018道徳全体計画別葉より抜粋）】

	5月の朝の道徳	6月の朝の道徳	7月の朝の道徳
扱う資料 関連する内容項目	「僕の夢」イチロー：向上心、個性の伸長	「違う立場に立ってみる」：相互理解、寛容	「部活魂　離島の部活」：よりよい学校生活、集団生活の充実

ることの魅力や意味の深さについて考える時間とした。現在は、教科書等も活用しながら、注目を浴びているニュースや人物、映像資料等も活用して資料開発を行っている。生徒の反応も肯定的で、毎回、大変楽しみにしている。

(3)　道徳啓発部会の取組

① 学びの校内掲示：学年毎に道徳教育に関する掲示場所を設けて、道徳科の授業と「イ～なの日」の学びの足跡を残している。また、学校教育目標にも「ふるさとを愛し、・・・」とあるように郷土での体験活動や郷土に関する学びの足跡も大切にしている。右は、生徒達が故郷の大好きでいつまでも残したい風景や史跡を自分達で撮影し、込めた想いや願いを文章に加えて短歌としても表現している。

② 道徳通信「こころの玉手箱」の発行：保護者に生徒の様子や感想を知らせることにより、家庭での話合いのきっかけづくりや、保護者の道徳教育への理解や啓発につながるようにしている。また、保護者からの通信欄を設けて意見や感想を募り、次号で紹介する。

【上：校内掲示　下：道徳通信】

2　道徳教育の推進を図る研修

(1)　学年団会での授業づくり

毎週の学年団会で指導案の検討や評価についての共通理解を図る時間を確保している。略案と解説を準備して、「発問と話合い」を中心に検討している。

①　発問に関する研修

授業における発問の重要性は言うまでもない。解説の発問の工夫にも、「発問によって生徒の問題意識や疑問などが生み出され、多様な感じ方や考え方が引き出される。」とある。しかし、具体的にどのように改善するのかを共通理解しなければならない。そこで下記のように従来の課題を整理して具体的な改善の視点を共有することとした。これを学年団で検討を深める原点とした。

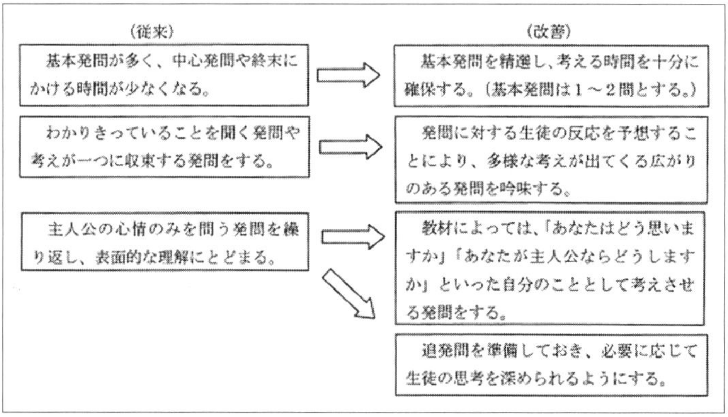

そして、教材分析を行い下記1から3の手順でよりよい発問を検討してきた。教材分析や吟味を行う過程では、なかなか中心発問が決まらない場合もある。

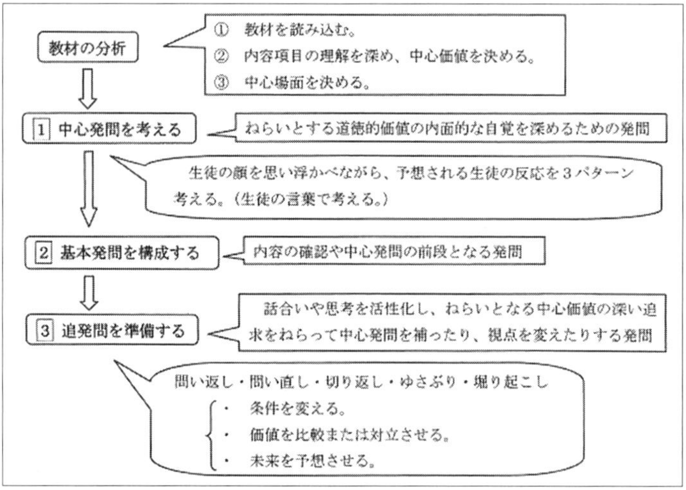

下記は「帰郷」（私たちの道徳）の検討を行った際に３つの中心を検討したものである。実際には、学習用ボードに中心発問と予想される生徒３名の反応を短冊カードに書き、視覚的にしながら検討した。その後、生徒の実態、多様な考えや広がり、ねらいに迫ることができるのかを検討して決定することとした。

【出てきた中心発問】

中心発問	中心場面	中心価値
老夫婦の目を見た研一は、何を思ったのだろうか。	老夫婦から優しい言葉をかけられた場面	B（6） 思いやり、感謝
東京に帰る電車の中で、研一が優しさに包まれたのはなぜだろう。	帰りの電車の中	B（6） 思いやり、感謝
電車の中で、研一はどんなことを考えていたのだろう。	帰りの電車の中	B（6） 思いやり、感謝
母はなぜ、この町で暮らしたいと考えているのだろうか。	母が「この町がいいんだよ。」と言った場面	C（16） 郷土の伝統と文化の尊重、郷土を愛する態度
研一はこれからどうしたらいいのだろうか。（問題解決的な学習）	研一が今後のことを迷っている場面	B（6） 思いやり、感謝
あなたが研一なら、この後どのような生活をしますか。	研一が今後のことを迷っている場面	B（6） 思いやり、感謝

②　授業の振り返り

授業後は、各授業者が作成した授業記録をもとに、授業後の振り返りを行い、板書の写真、発問に対する生徒の反応、話合い、振り返りの時間についてA4一枚の記録用紙にまとめている。そして、次の授業にも生かすことができるよう学級ごとにファイルに綴じている。

【授業記録ファイル】

（2）　研修を通して教師の成長

道徳の校内研修を通して、道徳科の授業研究の奥深さと同時に、楽しさも感じることができた。学年団や学校が一つとなり、同じ目標に向かって取り組むことは、教師自身にとって大きな成長の糧となる。まだ、改善すべき点や十分でないところはあるが、具体的に、下記のような振り返りも得られた。

教師A　「生徒が積極的に話合いに参加したり、自分の意見を発表したりできるようになり、授業をしている自分もやりがいを感じるようになった。」

教師B　「授業づくりは大変だが、発問によって生徒の反応が大きく変わることを実感した。道徳は教えるのではなく、教師も生徒と一緒に考える姿勢をもつことが大切だと思う。」

教師C　「学年団の他の先生との教材研究や、ローテーション道徳で互いに授業を参観し合うことで、自分自身が学ぶことが多く、授業に対する不安よりも、自分も道徳科の授業をしっかりと実践したいと思えた。」

また、研修を通して生徒の学びを継続的に積み重ねる道徳ノートも作成することができた。表紙には、マスコットキャラクターのカメ太郎とともに「ゆっくり、じっくり、そして着実に」と道徳教育の基本理念も示した。ノートに表現された生徒の学びを糧に、教師自身も一歩ずつ着実に成長してきたのである。

【道徳ノート表紙】

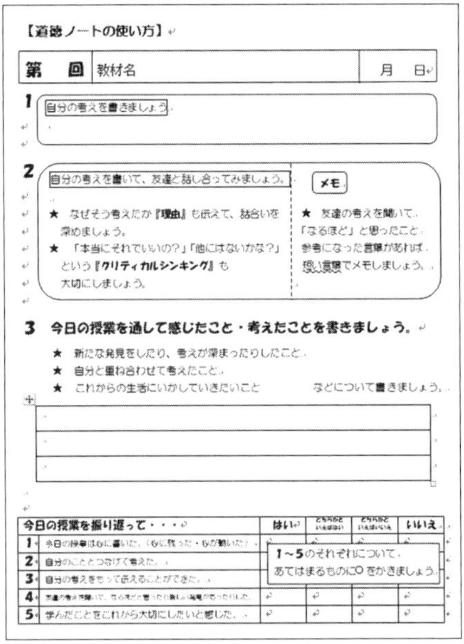

【道徳ノートの使い方】

第　回	教材名	月　日

1　自分の考えを書きましょう。

2　自分の考えを書いて、友達と話し合ってみましょう。

★　なぜそう考えたか『理由』も伝えて、話合いを深めましょう。
★　「本当にそれでいいの？」「他にはないかな？」という『クリティカルシンキング』も大切にしましょう。

メモ

★　友達の考えを聞いて、「なるほど」と思ったこと、参考になった言葉があれば、違う色でメモしましょう。

3　今日の授業を通して感じたこと・考えたことを書きましょう。

★　新たな発見をしたり、考えが深まったりしたこと。
★　自分と重ね合わせて考えたこと。
★　これからの生活にいかしていきたいこと　　などについて書きましょう。

今日の授業を振り返って・・・		はい	どちらかといえばはい	どちらかといえばいいえ	いいえ
1	今日の授業は心に響いた。（心に残った・心が動いた）				
2	自分のこととつなげて考えた。				
3	自分の考えをもって伝えることができた。				
4	[illegible]				
5	学んだことをこれから大切にしたいと感じた。				

1～5のそれぞれについて、あてはまるものに○をかきましょう。

【道徳ノートの使い方のページ】

【引用・参考文献】
・第26回四国小・中学校道徳教育研究大会（香川大会）［中学校部会］大会要項
・三豊市立詫間中学校（2018、2019）校内研修会資料

（石川春奈）

5　多様な研修の実際
～30分研修シートの活用～

1　短時間でもできる研修への期待

平成24年中教審答申「教職生活の全体を通じた教員の資質能力の総合的な向上方策について」では、学び続ける教員を支援する仕組みの構築（「学び続ける教員像」の確立）が必要と示された。教員にとって、学び続ける姿勢、まさに研修を通しての資質能力向上は言うまでもないが、教育基本法第九条や教育公務員特例法第二十一条でも規定の通り、「絶えず研究と修養」に励み、研修を通じて、崇高な使命を自覚し職責の遂行に努めなければならないのである。

研修は、教師というプロの専門家集団としての自主性や自律性を育む点からも重要な活動である。各学校の組織特性や構成を生かして、いかによりよい研修を実現していくのか、その充実が問われる。

質の高い道徳科の授業づくりをめざすためにも、校内や学年団での道徳教育に関する研修の充実が一層求められる。ここでは、香川大学教職大学院が香川県教育センターとの連携のもとに取り組んだ「道徳ラボ」の2019研修教材「道徳ラボ－校内研修の充実－30分で挑戦！演習用シート教材集」から、一部を紹介しながら短時間での研修の在り方について考えてみたい。

また、この研修シートは、あくまでも一つの手順や方法としての提案なので、各学校等の実情に合わせて使いやすいようにアレンジしたり、自らの学校の取組を新たにまとめて活用したりしてほしい。短時間でもできる校内研修や学年団研修の広がりを期待するところである。

特に、「30分で挑戦！」としたのは、

① 如何に集まる時間を少なくできるか、

② そのために事前に各自ができることは何か、

③ 準備しておくとスムーズにできないか、

といった観点から、学校現場の実情に合わせて短時間での研修を試みて欲しいという願いからだ。働き方改革が叫ばれる中でも、これならできると感じる研修の在り方を多様に模索してほしい。また、校内研修だけでなく、オンライン

30分研修内容　（若年研修用　中心発問と児童生徒の反応の予想）について

解説等で参考にしたい頁　　小学校84頁　　　中学校83頁

事前に各自でしておきたいこと：下記1・2　教材を読みこみ、内容項目の解説頁を読んでおく

○ 教材名＿＿＿＿＿＿＿＿＿＿＿＿＿＿＿＿＿＿＿＿

1　教材を読み分析・・・教材を読み込む・・・3つの中心（中心場面、中心価値、中心発問）を
　できれば一度は声に出して読もう　できれば複数回　　どこが中心場面なのか
　副詞句を大切に読んでみよう　複雑な場合は、関係図に整理してみよう
　？　道徳的に変容した、自覚した登場人物（主人公）は誰か＿＿＿＿＿＿＿＿＿＿＿＿

　？　変容、自覚するきっかけとなった出来事は何か＿＿＿＿＿＿＿＿＿＿＿＿＿＿＿＿

　？　変容、自覚して何に気付いたのか、又はどうなったか（どうなりそうか）

　＿＿＿＿＿＿＿＿＿＿＿＿＿＿＿＿＿＿＿＿＿＿＿＿＿＿＿＿＿＿＿＿＿＿＿＿＿＿＿

　教材の中心場面を □ で囲んでみよう。

2　内容項目、中心価値について考える
・まず、解説で内容項目に関する概要や指導の要点を読みましたか。教材とつなぎながら、内容項目の理解を深めましょう（道徳的価値の広がりと深まり等について）

○ 内容項目＿＿＿＿＿＿＿＿＿＿＿＿＿＿＿＿＿＿＿＿＿

？なぜ、そう考えるのか教材をもとに自分の言葉で説明してみよう。

3　ねらいに深く関わる中心的な発問（中心発問）について

○ 中心発問＿＿＿＿＿＿＿＿＿＿＿＿＿＿＿＿＿＿＿＿＿＿＿＿＿＿＿＿＿＿＿＿＿＿＿

＿＿

○中心発問に対して予想される児童生徒の反応（3名、子どもの言葉で思い浮かべよう）

A＿＿＿＿＿＿＿＿＿＿＿＿＿＿＿＿＿＿＿＿＿＿＿＿＿＿＿＿＿＿＿＿＿＿＿＿＿＿＿

B＿＿＿＿＿＿＿＿＿＿＿＿＿＿＿＿＿＿＿＿＿＿＿＿＿＿＿＿＿＿＿＿＿＿＿＿＿＿＿

C＿＿＿＿＿＿＿＿＿＿＿＿＿＿＿＿＿＿＿＿＿＿＿＿＿＿＿＿＿＿＿＿＿＿＿＿＿＿＿

☆ 再度、見つめ直しふり返ろう

？多面的・多角的に考えることができる問い、道徳的価値を自分のこととして捉えることができる問い

？その予想される発言の中で、ねらいに関わる言葉や考えは・・・

？その予想される発言の中で、クラス全体に共有したい、確認したいような言葉や考えは・・・

30分研修内容　（　中心発問から板書構想　）について

解説等で参考にしたい頁　　小学校　82－86頁　中学校　80－85頁

事前に各自でしておきたいこと
- 教材を読み、自分なりに山場や児童に考えさせたいこと、内容項目を明確にする。
- 本時のめあてを短冊カード（桃色）に書いておく。
- 中心発問を考え、短冊カード（黄色）に書いておく。

その場に準備しておきたいもの
- 学習指導要領解説「道徳編」　・道徳科の教科書
- 板書計画用紙（A4横の簡単な様式を作っておいてもいい）
- カラーペンや短冊カード又は細長の付箋紙

進める手順や指示する内容

① 各自が考えてきたことを出し合い、互いの中心発問に対する児童の反応を予想し、短冊カード（水色）に書き出す。【７分】

②「多面的・多角的な見方・考え方につながるか」という視点で、発問を吟味していく。
（１番よいと思われるものを選んでもよいし、それぞれの中心発問のよいところをつないでもよいし、各自で板書計画を作るなら、他の参加者の発問を参考に自分の発問を改善してもいい。）【５分】

③めあて、中心発問、予想される児童の反応を板書計画用紙に貼り込む。【３分】

④③に必要な場面絵（簡単に教科書頁や番号で示す）や必要に応じて心情円盤などの教具の使用タイミングや補助発問などのメモ（☆）も書き込み、指導案代わりになるものを作る。（簡単でOK、途中になってもOK）【10分】

⑤ 必要に応じて、黒板掲示物（共用）、ワークシート等を作る係を分担する。（後は各自の作業）【５分】

板書計画（イメージ）

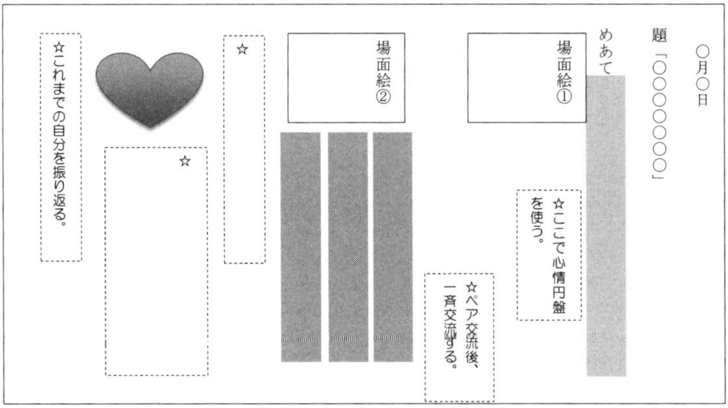

による個人研修など、研修の在り方自体も広がりを見せている。

2　多様な校内での道徳研修と意識の向上

道徳教育の主な校内研修の内容としては、第4章2でも紹介されているように相互授業参観や授業研究等の多様な在り方が工夫されている。それに加えて、①全体計画等の共通理解、②理論研修（座学として）、③道徳科の授業で活用できる演習や実践的なワークショップ、④環境づくりや作業等も、各校の実情に応じて展開されている。最近では、校内で個人研修ができる環境づくりにも工夫がみられる。例えば、道徳教育コーナーが設置されて、道徳教育関連図書や過去の研究紀要、道徳教育に関する各調査分析のファイル、各研修会案内等が整備されている学校も増えてきている。

最後に、道徳教育に取り組まれる先生方への期待をこめて、多様な研修を通して次の3点のことを意識してほしいとお願いしている。

①道徳科の授業については、授業を見て分析する力、授業者や参観者を成長させる力、必要とあれば授業を見せる力を意識してほしい。

②道徳教育の視点では、学校経営における道徳教育の視点、諸計画の見直しや道徳教育をみる視点、情報伝達や状況の共有の視点を意識してほしい。

③人間としての倫理観。子ども達の前に立つ教師として、一人の人間として自分をどう磨くかということである。教材研究を通して、自分自身の道徳性、人間性を見つめて見ることを意識してほしい。教師も一人の人間、人として子どもと一緒に育つと言うことを日々の中で大切にしてほしい。

註：「道徳ラボ」のラボには、コラボレーション（collaboration）やラボラトリー（laboratory）の意味を込めて、覚えやすく呼びやすい愛称として、平成28年に「かがわ道徳ラボ」としてスタートした。具体的な研修シートの詳細は、HPでも一部紹介されているので参照してほしい。

【引用・参考文献】

・香川大学教職大学院、香川県教育センター（2020）2019年度研修教材「道徳ラボ－校内研修の充実－　30分で挑戦！演習用シート教材集」（2019教職員支援機構委嘱事業：教員の資質能力向上支援事業）

・七條正典、植田和也（2016）「道徳教育に求められるリーダーシップ」美巧社

・横山利弘（2007）「道徳教育、画餅からの脱却」暁教育図書

（植田和也）

6　家庭や地域との連携を生かした道徳教育の推進
～道徳ファイルの活用を通して～

1　取組の実際

児童が育つには「学校で育つ時間」、「家庭で育つ時間」、「地域で育つ時間」の3つの時間があるといわれている。また、新学習指導要領にも「家庭や地域社会との共通理解を深め、相互の連携を図ること」と記載されている。このことからも学校・家庭・地域が連携・協力し、児童を育てるという視点に立った道徳教育が求められている。そこで、家庭と連携するためのツールとして道徳ファイルを作成し、児童の道徳性を育みたいと考え取り組んだ。

(1)　家庭と連携した授業実践

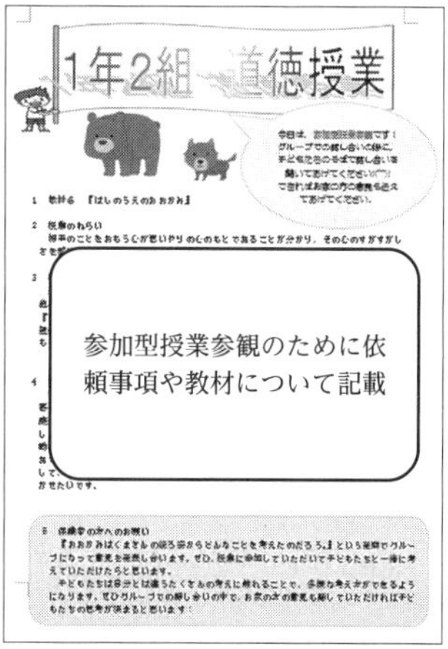

【参加型授業のための道徳通信】

①　参加型授業参観

参観者に中心発問での話合い活動に参加してもらった。また、多くの方に参加してもらえるように事前に参加型授業参観についての道徳通信を発行し、「今日は、参加型授業参観です。グループでの話合いの際に子どもたちのそばで話合いを聞いてあげてください。できればお家の方の意見も伝えてあげてください。」と依頼していた。

効果としては、多様な考えに触れる機会となったこと、参観者が入ることにより意見を引き出してくれること等がアンケート結果からわかった。児童の感想には、「意見が増えたから色々なことが考えられた。」「いっぱい質問してくれてうれしかった。」等の意見があった。また、参観者からも「親も一緒に考える良い機会になった。」という意見があった。

②　道徳科学習発表会

最後の参観授業で教材名「大きくなるっていうことは」において、学習したことや一年間の学習の様子を発表する機会を設けた。学習の様子や道徳科における自分の変化や成長について、子どもたち自身が学びを生かして発表した。

(2)　道徳ファイルで繋ぐ家庭との連携

①　道徳ノートの活用

徳島県小学校道徳教育研究会編集の『とくしまのどうとく』(以下、道徳ノートと表記) を本校では全学年で使用している。道徳ノートを活用し、保護者が授業後の児童の思いや感想にコメントを書くという取組を行った。年間34時間、毎週ファイルにノートを入れて家庭とのやりとりを行った。

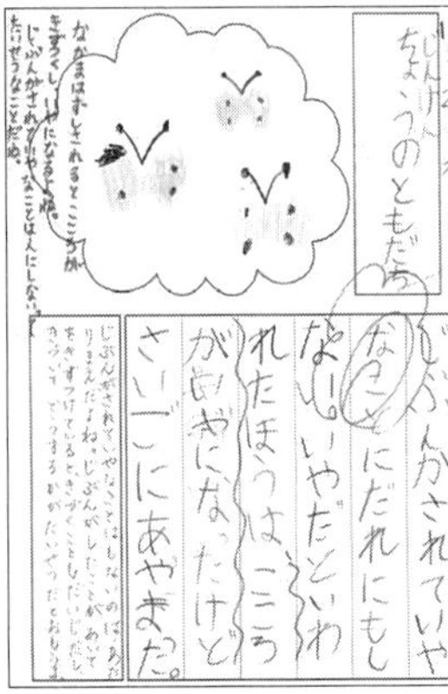

【道徳ノート】

②　道徳通信の発行

昨年度より道徳が教科化されたことで道徳教育に保護者も強い関心をもち、同時に期待もしている。そこで、道徳教育に関する家庭への働きかけの一つとして毎時間の授業のねらいや指導観をA4一枚にまとめ、道徳通信として発行することにした。

児童の授業後の感想等にコメントを書いてもらうためにどのようなことをねらいとして学習を進めたのか道徳の授業を家庭と共有する必要があるからである。

保護者は道徳通信を見て、授業のねらいを踏まえた上でコメントを書いてくれている。道徳通信を発行することで教師がねらう意図を確実に伝えることができ家庭と連携する上で大きな役割を担っている。何名かの児童の感想を掲載することで授業後の振り返りにも活用している。児童の感想以外にも教科化について等、道徳教育に関する情報を家庭と共有するツールとなっている。

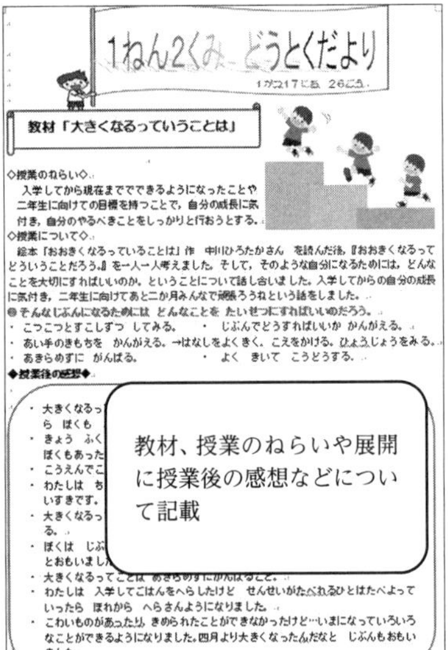

1ねん2くみ　どうとくだより

1がつ17にち　26ごう

教材「大きくなるっていうことは」

◇授業のねらい◇

入学してから現在までできるようになったことや二年生に向けての目標を持つことで，自分の成長に気付き，自分のやるべきことをしっかりと行おうとする。

◇授業について◇

絵本「おおきくなるっていることは」作　中川ひろたかさん　を読んだ後，『おおきくなるってどういうことだろう。』を一人一人考えました。そして，そのような自分になるためには，どんなことを大切にすればいいのか。ということについて話し合いました。入学してからの自分の成長に気付き，二年生に向けてあと二か月みんなで頑張ろうねという話をしました。

◉そんなじぶんになるためには　どんなことを　たいせつにすればいいのだろう。

- こつこつとすこしずつ　してみる。
- じぶんでどうすればいいか　かんがえる。
- あい手のきもちを　かんがえる。→はなしをよくきく。こえをかける。ひょうじょうをみる。
- あきらめずに　がんばる。
- よく　きいて　こうどうする。

◆授業後の感想◆

- 大きくなるっ……ら　ぼくも
- きょう　ふく……ぼくもあった
- こうえんでこ
- わたしは　ち……いすきです。
- 大きくなるっ……る。
- ぼくは　じぶ……とおもいまし
- 大きくなるってことは　あきらめずにがんばること。
- わたしは　入学してごはんをへらしたけど　せんせいがたべれるひとはたべよっていったら　ほれから　へらさんようになりました。
- こわいものがあったり，きめられたことができなかったけど…いまになっていろいろなことができるようになりました。四月より大きくなったんだなと　じぶんもおもいました。

教材、授業のねらいや展開に授業後の感想などについて記載

【道徳通信（表面）】

(3)　出来事想起型について

前述の取組についてのアンケートで「どのようなコメントを書くべきか。」と

いう意見があったこと、また効果的なコメントの在り方を検証したいと考え、保護者のコメントを類型化し、大きく５つに分類した。

①　励まし型

児童の考え方を肯定的に捉え認め励ますコメントである。生命尊重の授業では保護者からの励ましのコメントによって、周りの人から大事にされていること、自分の命はかけがえのないものであると感じていた。

②　価値付け型

児童の感想の言葉を取り上げ、道徳的に価値付けたコメントである。授業だけでなく、日常でも価値付けられた言葉を大切にしていた。

③　願い型

児童の感想中からうまれた保護者の願いが書かれてあるコメントである。児童は何か事が起こってからの願いや助言ではなく、道徳の授業が基になっているためこの願いを素直に受け止めやすいようであった。授業後の日記で「ありがとうの気持ちを忘れない。」と書いていた。

④　話合い型

授業について再度家庭で話し合った型である。授業中に自分の考えがまとま

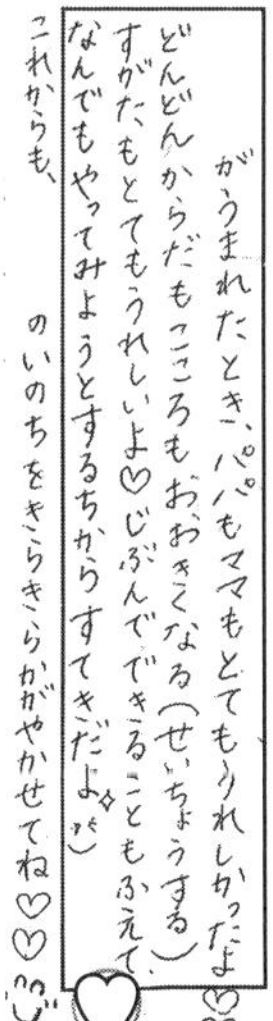

【①励まし型】

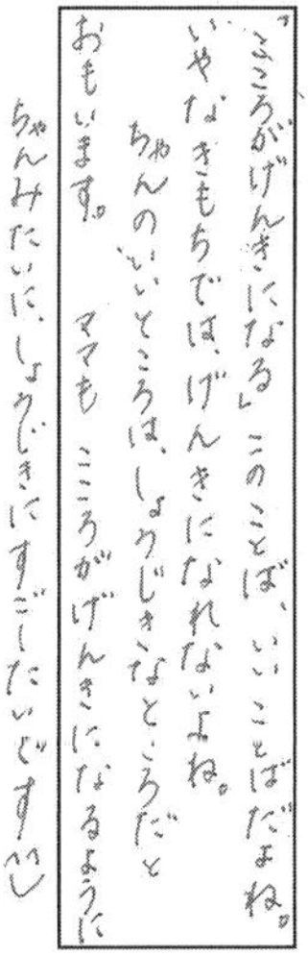

【②価値付け型】

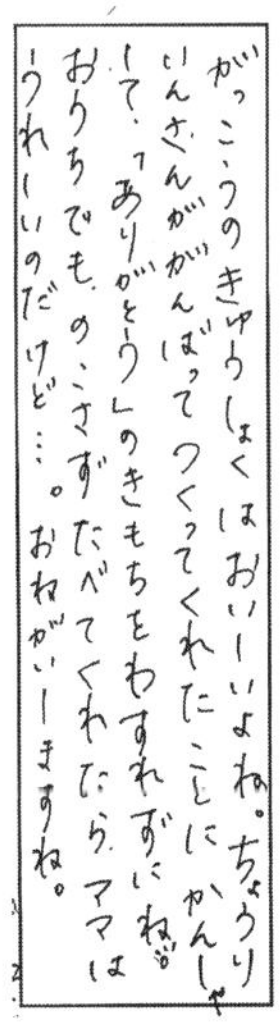

【③願い型】

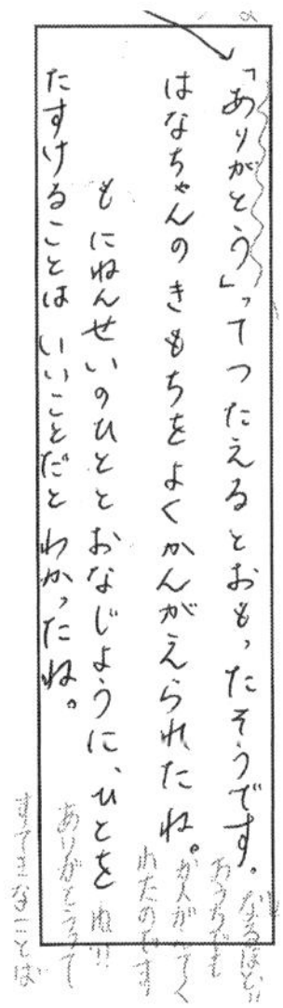

【④話合い型】

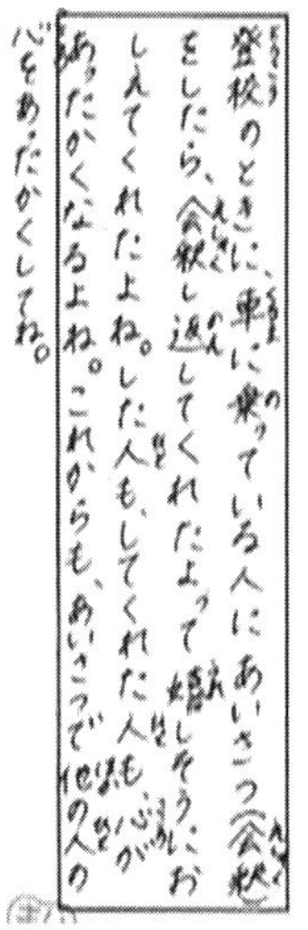

【⑤出来事想起型】

らないことや文章にまとめられないことがある。時間がたってから考えられることや保護者にだからこそ言えることもある。

⑤　出来事想起型

児童の実体験を想起し、道徳の授業と照らし合わせて考えている型である。学校の出来事だけでは価値を日常生活と関連付けることに限りがある。家庭には一人一人のエピソードがある。このコメントを書いてもらうことで、道徳的価値がより身近なものになる効果があった。

(4)　出来事想起型の授業展開

授業で学習した道徳的価値と生活を近づけられるという出来事想起型の効果に着目し、他の授業展開に活かすことができないかと考えた。出来事想起型とは、『教材の内容項目に関わる実体験を児童自ら想起すること。もしくは教師や保護者が児童の実体験を想起させること。』と解釈した。

①　エピソードシール

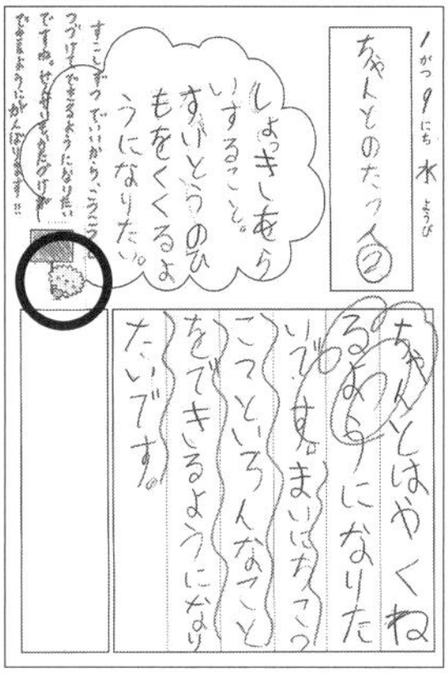

教材で学習した内容と同じような経験がある。或いは、感想を自分のことと関連付けて書けそうというときにシールに色を塗っている。シールの活用で出来事を自分で想起し、学習内容を自分のことと関連付けてかくことができていた。

②　教師からの出来事想起型のコメント

③　保護者に出来事(エピソード)のインタビュー

(5)　連携を生かした双方向の道徳教育を

ずっとそばで成長を見守ってくれている保護者の存在は大きい。児童にとっては、保護者に自分の考えを聞いてもらえる環境があり、認め励まされることで道徳性の育成に繋がっていくのではないだろうか。日常生活で内容項目の一つ一つをじっくりと考えることは難しい。それを1時間かけてじっくりと考えるために道徳科の授業がある。その学びが学校だけに留まらず道徳ファイルを通して家庭と連携し、双方向から道徳教育を進めていくことで、より児童の道徳性を育むことに繋がるのではないだろうか。今後も家庭と連携しながら児童の道徳性の育成に努めていきたい。　(折野智美)

第5章

魅力的な教材開発への挑戦

１　教科書教材の使用と教材の開発の視点

１　「教科書」の使用義務

「教科書」とは何か、教科書の発行に関する臨時措置法に規定されている内容から確認したい。「教科書」とは、小学校、中学校、義務教育学校、高等学校、中等教育学校及びこれらに準ずる学校において、教育課程の構成に応じて組織排列された教科の主たる教材として、教授の用に供せられる児童又は生徒用図書であって、文部科学大臣の検定を経たもの又は文部科学省が著作の名義を有するものをいう、とある。

さらに、「教科書」には使用義務がある。その根拠となる法令は、学校教育法の三四条一項で、条文は、「小学校においては、文部科学大臣の検定を経た教科用図書又は文部科学省が著作の名義を有する教科用図書を使用しなければならない」とある（この条文は、中学校と高等学校にも準用されている）。

しかし、この使用義務は、教科書を「主たる教材」として使用する必要を意味しているものであり、教科書を唯一絶対の教材として扱うことを求めているのではない。その根拠は学校教育法三四条四項に、「教科用図書及び第二項に規定する教材以外の教材で、有益適切なものは、これを使用することができる」と規定しているのである。「教科書」以外の副教材の使用が可能なのである。その延長線上に、教材開発とその活用がある。

２　判例等にみる「使用義務」

前項では、「教科書」の定義と「教科書の使用義務」について根拠となる法令を確認した。ここでは、さらに教科書の使用義務について参考となる「伝習館高校事件」の裁判で判示された判例を確認する。

「まず教科書を教材として使用するとする主観的な意図と同時に客観的にも教科書内容に相当する教育活動が行われなければならない。右の両者を併せもつとき初めて教科書を教材として使用したといいうるであろう。もっとも一年間にわたる当該科目の授業の全部にわたり右の関係が維持されていることを厳密に要請されているとは言えず。要は当該科目の一年間にわたる教育活動における全体的考察において教科書を教材として使用したと認められなければならないということであろう」（昭和五三年七月二八日、福岡地裁判決）

「教科書のあるべき使用形態としては、授業に教科書を持参させ、原則としてその内容の全部について教科書に対応して授業すること」（昭和五八年一二月二四日、福岡高裁判決）

以上である。上級審ほど「教科書」の使用義務について判示された内容が厳しいものとなっている。

3 「学習指導要領」の「教材の開発」と「活用」についての記述

「教材の開発」と「活用」について学習指導要領の記述を確認したい。小学校学習指導要領、第３章「特別の教科　道徳」、「第３　指導計画の作成と内容の取扱い」の「2　第2の内容の指導に当たっては、次の事項に配慮するものとする。」には、「(7)... (中略)... 授業の実施や地域教材の開発や活用などに家庭や地域の人々、各分野の専門家等の積極的な参加や協力を得たりするなど、家庭や地域社会との共通理解を深め、相互の連携を図ること。」とある。

さらに、「3　教材については、次の事項に留意すること。」においては教材開発の視点が示されている。「(1) 児童の発達の段階や特性、地域の実情等を考慮し、多様な教材の活用に努めること。特に、生命の尊重、自然、伝統と文化、先人の伝記、スポーツ、情報化への対応等の現代的な課題などを題材とし、児童が問題意識をもって多面的・多角的に考えたり、感動を覚えたりするような充実した教材の開発や活用を行うこと。」とある。中学校も同様である。

「教材の開発や活用を行うこと」はできるのである。しかし、その「活用」の在り方、特に、教材の差し替えについては細心の注意が必要である。なぜなら、「道徳の時間」が教科化されて、「特別の教科　道徳」となった。「特別の」という文言が付くものの「教科」化された。例えば、同じ教科である中学校外国語（英語）科の教科書の一部を生徒の実態に合わないとの理由で別の教材に差し替えることは可能であろうか。その差し替えに全ての保護者に理解を得ることが果たしてできるのであろうか。教材差し替えのハードルは高いのである。

４　教材差し替えの可能性

教材開発そのものは教師の教材分析力や教材構成力など実践的指導力を向上させ、教師の職能を伸長させることに有意なものと考えることができる。そこで、教材開発と活用について３つの場合を想定した。

(1)　教材の差し替えは一切行わない。年間35時間の道徳科授業は全て教科書の教材を活用する。それぞれの学校において、ボランティア活動など学校行事等の実施時期を考慮して教科書の教材配列を変更することはあっても教科書掲載の教材のみを活用する。

(2)　教科書の教材を中心教材として活用しつつ、開発した教材を補助教材として活用する。中心教材と補助教材の活用の実際は、授業の展開により、児童生徒の認識の過程でどちらが中心教材で、どちらが補助教材であるか明瞭に判別が付かないことが生じる可能性もある。しかし、中心教材と補助教材として教材を活用することで、前述の裁判の判決で判示されていることには抵触することはないものと考えられる。

(3)　教科書掲載の教材を他の教材と差し替えて活用する。しかし、この場合、教師個人の恣意的な差し替えはできない。少なくとも次の３つの要件のいずれかに該当した場合に差し替えが可能であると考えられる。

①　道徳教育の全体計画で設定されている重点目標に見合う教材が十分に用意されていない場合である。学習指導要領に示されている内容項目はすべて取り扱うこととなっているが、重点目標は複数回指導する場合があり教科書の編集方針でそれに見合う教材が掲載されていない場合である。

②　地域や児童生徒の実態に応じて教科書掲載の教材よりも他の教材を活用した方が指導の効果を得ることができるとの客観的な見込みがある場合である。

③　希有な場合かも知れないが、教科書の教材を使用した場合、生徒指導上の問題を誘発することが懸念される場合である。

いずれの場合も学校としての判断と対応が求められるところである。各学校における実践状況等からは、郷土愛に関わる内容やいじめ問題を扱っている教材、学校が重点とする内容項目で掲載数が少ない場合等には、様々な点に配慮しながら教科書教材とともに補助教材として活用する手立てもある。

以上、3つの場合を想定し述べたが、(3) の場合、更に配慮してほしいことがある。それは差し替え可能な教材数である。これには客観的な判断基準は現在存在しないのである。どのような場合であれ、補助教材として活用する手立てもあり道徳的なねらいの追究や児童生徒の道徳性の育成に資する教材であるかどうかをしっかりと吟味して欲しい。

【郷土資料を編纂した教材集】

しかし、「教材の開発と活用」は教師の職能向上のためには大切なことである。そこで、今後、教科書編修の在り方に工夫と改善が求められるところである。教師が開発した教材を積極的に教科書編集者が発掘、採用する、また、教科書に35以上の教材を掲載する、などの工夫や改善が望まれるところである。

5　おわりに

憲法二六条には、教育の機会均等が規定されている。この機会均等とは、教育の質と量をともに各人の能力に応じて保障するとの規定である。そのために国は学習指導要領を定め、主たる教材である教科書を児童生徒一人一人に義務教育段階においては無償でこれを配付しているのである。

この趣旨を十分に踏まえて教科書の扱いを考えることが必要である。まず、道徳科授業が教科書を十分に活用して実施されることが必須である。万一教科書の教材を積み残したり、また、全く教科書を使用しなかったりすることなどは懲戒処分の理由に該当する可能性がある。これは教師に対する信用を著しく毀損することになりかねない、ということを肝に銘じる必要がある。

【引用・参考文献】
・市川須美子他 (2020).『教育小六法』学陽書房
・菱村幸彦 (2015).『やさしい教育法規の読み方』教育開発研究所

(齋藤嘉則)

2　自作教材への挑戦
～具体的な手順と留意点～

1　教材の開発

道徳科の充実した授業には、魅力的な教材が不可欠である。教材の開発と活用については、前述の学習指導要領第3章「特別の教科　道徳」に加えて、解説においても、小・中学校同様に第4章第4節の1教材の開発と活用の創意工夫で触れられている。そこでは、「教材の開発に当たっては、日常から多様なメディアや書籍、身近な出来事等に関心をもつとともに、柔軟な発想をもち、教材を広く求める姿勢が大切である。」と冒頭に明記されている。しかし、教材の開発と言っても容易ではなく、児童生徒にとって魅力的な教材であるかとなれば、なおさらである。これまでの学習指導要領や解説でも魅力的な教材の開発と活用については記載されていた。また、道徳教育推進指導資料・小学校（文部科学省、2002）では、「魅力的な資料を選択し開発しよう」として、資料を選択し開発する手順や具体例が示されている。そこでは、下記の手順が示され、様々な具体例のヒントが紹介されている。

①魅力的な資料の素材となるものを幅広く収集する（伝記、名作、地域行事、学校行事などの体験活動や子どもの生活の出来事、教師自身の体験･･･）
②多様な表現形式に着目する（例：写真や絵、実物、統計を参考、映像･･･）
③魅力的な資料の性格に着目して資料選びや資料化を行う

2　自作教材の手順と留意点

(1)　井上治郎氏の主張に学んで～

自作教材（資料）の開発に関する手順、方法、要点等について、より詳しくまとめられているのが、元教科調査官をされていた井上治郎氏の「道徳の自作資料（井上・小沢1973）」であろう。井上氏は、道徳の授業は資料を教えることに徹すべきだとの考えを「資料即生活論」として主張されて、資料の重要性を特に強調されていた（井上1981、15頁）。

まず、井上氏は資料を自作する意義について、①教職ならではの楽しみ、②

自作資料は資料の切り札、③自作の過程は資料の鑑別力を身に付ける過程、と大きく3点を挙げている。加えて、態度として強調したのが、「人間を読む力を養うこと」、その着眼点として、みずからを内に省みて他を量るということへの着眼である。さらに、ありふれた人間の生き方に着目すること、内容項目の趣旨を理解すること、道徳の授業の本質をわきまえること、主題構想の要点を身につけることを指摘している。まさに、教師としての授業力の向上にもつながる重要な視点であり、時代が変わっても大切にしたいと考える。

そのような点を踏まえて、手順と方法としての概略は、次の通りである。

①取材と記録（身近な取材源として、1. 自らの日頃の生き方の様々な姿、2. 自分を取り巻く他人の様々な生き方、3. 身の回りの昔話、民話、伝説など、4. 特定の人物）記録では、取材した日時、場所、その一般的な情景、相手の詳細な情報、登場人物の特徴やふるまい方、場面の要点は必ず大切にする。

②下書きの作成（話の筋の組み立て方をしっかりとする、筋書きの押さえどころを整理する。人物のものの考え方や感じ方をレアリティをもたせて再現する、感じたことを素直に描く、人間の生き方の生々しさを見て取る）

③おおまかな主題構想（資料の要点を次の4点をもとに押さえる、ア. どの内容項目のいずれの観点に結びつけて生かすべきか、そのためにどこを改めるか、イ. 仮のねらいを設定すれば、どのように具体化するか、ウ. 児童生徒の考え方や感じ方と通じ合うところが保証されているか、エ. どこが話合いの要点となるか、明らかでなければどこを改めるか）加えて、より吟味を加える視点として、「前後関係や人間の生き方に照らして、つじつまの合わないところはないか」、「一方的に押し付けたり説教じみていないか」、「不必要やくどいいいまわし、描き足りないところはないか」

④筋書きの再構成（念入りに筋書きそのものを整えていく、文章の起承転結をどう工夫していくか、筋書きの情景がほうふつとしてくるようにまとめたい）さらに、確かめとして、自分で声にだして読んでみることと、対象となる児童生徒に一読してもらうことが効果的だとしている。

⑤仕上げ（表現上の誤字脱字や送り仮名等、できるだけ平易な文章を）

以上が、井上・小沢（1973）による自作の手順と方法の簡単な紹介である。さらに、自作する際に、「①生活場面をリアルに表現する、②人間を個性豊かに描く、③指導意識を先ばしらせない、④決着のついた筋書きにまとめる、⑤適当な分量に整える」ことを要点としてあげている。

（2）　作成時の具体的な留意点や方法 ～初めての方に～

自作教材は児童生徒理解にもつながり、教材分析力や授業力の向上にもつながる意義がある。加えて、教師の願いが伝わることや学校独自の体験を教材に生かすこともでき、児童生徒の興味・関心や課題に応じる利点も考えられる。

井上氏の手順を参考に、取材後に自作教材の執筆にかかる際の具体的な留意点として、初めての方には著者は次のように例を示している。あくまでも一つの参考であり、内容や状況に応じて生かせればよい。

取材後の具体的な留意点例

①　主題（中心価値）を決める（子どもたちに考えさせたい内容項目）
・対象となる学年
・取材源や情報源（生活場面における課題、ニュースや体験等を参考に）

②　登場人物を具体的に設定する（登場人物の性差や年齢、関係性等も考慮）

③　場面や状況を設定する（主人公の心情の変容を大切に大まかな起承転結を）

④　大まかなあらすじから挿絵や場面絵をイメージする

⑤　できるだけ具体的な場面を想定しながら書く

⑥　主題や中心価値に照らし合わせて修正を試みる

⑦　他者に批判的に読んでもらい、再度書き直す

また、取材等をしない創作資料の場合は、登場人物の人物像をはっきりと意識して取り組むことが重要である。その際に、主人公の気持ちの変容だけでなく、道徳的変容を意識して展開していきたい。

見直しの視点

①　発達段階にふさわしい内容であるか。話題となっているものが、子どもの生活や経験からかけ離れたものではなく、共感できる内容かどうか。

②　各々の学年での判断力をあまりにも超え過ぎていないかどうか。換言すれば、描かれる状況を子どもがイメージできるか、子どもを想像しながら慎重に考えておきたい。（井上氏の指摘のように子どもに読んでもらいたい。）

③　対象とする学年の一般的な考え方より、少しだけ高い見方や考え方も理解できたり、話合いからでてきたりしそうかどうか。

④　記述の文字、語句の抵抗が大きすぎないか。読み物教材は、読解そのものが目的ではないので、平易で分かりやすく、場面の様子がイメージしやすいことが大切である。換言すれば、どのような挿絵が浮かんでくるだろうか。

⑤　多様な価値観を引き出させ深く考えさせられる内容であるか。単にいろいろな考えを出させるということではなく、一つの価値に対して、経験や体験と併せながら様々に与えられるような話題を提示するもの。また、特定の価値観に偏っていないか。

⑥　具体的な生活場面における具体的な人間の生き方が描かれているか。

井上氏の言葉を借りれば、「ある人間の生き方の一つの局面を生きたかたちにおいて描写したもの、人間の弱さや醜さが出ていて、主人公の心の悩みや苦しみが表れているもの」

⑦　考えさせたいこと・気付かせたいことを書きすぎていないか。

例えば、会話で語りすぎないていないか、教師の思いがストレートに出すぎていないか、子どもたちに考えさせる余地が残されているか。つまり、描きすぎていて、読み取りのようになっていないのかということである。

⑧　自分だけの思いこみや恣意的な内容になっていないか。場面設定や状況、時間的な流れ等も、現実生活ではあり得ない矛盾となっていないか。

⑨　中心場面や中心発問等をイメージして学習指導が成立する教材であるか。

⑩　著作権や肖像権の配慮は大丈夫か。（著作権法第35条）

さて、次頁から自作教材を紹介する。「九月のさわやかな風」は、生徒の実態から日常生活における自己を見つめ直してほしい思いからスタートした。「ふるさとの銭形砂絵」と「サシバのピコロ」は、郷土に関する教材であるが、現地での聞き取りや周囲の情景等に触れながら作成した。生徒作文からの創作資料や童話（絵本）を参考に内容項目を意識して、実践を想定しながら作成を試みた。まだ改善の余地はあるが、実践にもとづきよりよいものにしていきたい。

【引用・参考文献】

・井上治郎・小沢宣弘（1973）「道徳の自作資料」明治図書
・井上治郎（1981）『資料即生活論とその展開』現代道徳教育研究会編「道徳教育の授業理論～十大主張とその展開～」明治図書
・文部科学省「小学校 心に響き、共に未来を拓く道徳教育の展開」

（植田和也）

3　自作教材の事例①「九月のさわやかな風」

1　主題名　進んで社会と関わり、協力し合う（よりよい社会を目指して）（C 社会参画，公共の精神）

2　ねらい

おばあさんと出会った健司が、ボランティア掃除に参加しようとする心情を考えることで、一人一人が手を携えることで安心できる社会が成り立っていることを自覚し、よりよい社会を積極的に実現しようとする道徳的な心情を育てる。

3　学習指導過程案

学習活動	主な発問と予想される生徒の反応	指導上の留意点
1. 道徳的価値の捉えを確認する。 ［もし自分ならどうするかの判断］ 2. 学習課題をつかむ。	○「この人たちは何をしているのかな？」 ○「何が大変だと思う？」 ○「みんなだったら参加したい？」 ○「どうして大変なことに参加するのだろう？」 （課）《みんなのために行動するってどんなことか考えてみよう。》	○東京オリンピックボランティアスタッフの様子を写真で提示する。状況が分かるよう、補足説明をする。 ○本時の課題を示し、問題意識をもたせて、ねらいとする価値への方向づけをする。
3. 教材を読む。 4. ボランティア掃除に参加しない健司の気持ちを考える。	○「僕の誘いを断る健司はどんなことを考えていただろう？」 ・めんどう　　・やりたくない ・早く帰りたい ・カッコつけるな ・自分が汚した訳じゃない ・ボランティアは自由 ・サッカー（自分のこと）をしたい ○「おばあさんは、なんでベンチを拭いていたのだろう？」 ・利用する人が困ると思ったから ・その方が気分よく使えるから	○健司に注目して聴くように促す。 ○自己中心的に行動したり、人任せにしてしまったりしがちな人間的な弱さに気付けるようにする。 ○本人に問い返したり、生徒同士をつなげたりしていくことで、このような心は私たちみんなの中にもあることを自覚できるようにする。 ○この段階では、発想が自分に閉じていることをはっきりさせることで、その後の展開において、健司の発想が広がっていることを明確にしていきたい。

5. ノートを見つめる健司の思いを考える。 ①個人で考える ②全体交流 [他者との比較における自己の問い直し]	㊥「（ずっともやもやしているとあるけど）色々な人の姿が頭の中に浮かびながら、健司はどんな思いだったのだろう？」 ・自分もよりよい社会をつくっていこう ・安全安心な生活を支えてくれている人がいる ・自分も支える側になろう ・ボランティア掃除に参加しよう ・人任せにしていた ・自己中心的だった ・ボランティア掃除に参加した方がいいかな ・今更、ボランティア掃除に参加するのは恥ずかしい（照れくさい） ・カッコつけているみたいだ ・めんどう ・やっぱりボランティア掃除に参加したくないな	○渦巻いた気持ちを多様に考えていくことで、翌日自主的に朝掃除に参加する健司の心について納得解を得られるようにしたい。そのことが公共の精神につながると考える。 ○快適に公園を利用できていたのは、他の人の支えがあってのお陰であることを意識させたい。 ○必要に応じて、自分が汚した訳でもないベンチを拭くおばあさんと「俺が汚した訳じゃない」と吐き捨てる健司とを対比させることで、自分のみに向いていた視点を他者や社会に受けていけるように促す。 ○否定的な意見が出れば、共感的に受け取止めつつ、それでも朝ボランティア掃除に現れた健司の心情を考えさせたい。 ○友情に関する意見も出ることが予想される。その場合には、どの言葉を後悔しているか問い返すことで、人任せだった部分につなげる。 ○価値に直結する意見には、ボランティア掃除は自由なのに、なぜそう考えるのか問い返す。
6. 今日の学びや考えたことを整理し共有する。 [自己の再構築]	○「今日の授業で学んだことや心に残ったこと、これからの自分に生かしたいことを書いてみましょう。」 ・人任せにしてしまいがちだった。 ・自分も社会に貢献していこうと思う。 ・互いに協力し合うことで安心な社会ができている。 ・ボランティア掃除に参加することは、自分を豊かにすることでもある。	○各自が板書を通して、本時の学びや多様な考えを静かに確認する。 ○振り返りを共有させる。意見が出にくい場合は、教師が紹介する。 ○時間があれば、生徒の考えを聞いた教師自身の学びや感想を述べる。 ○必要に応じて、朝掃除に参加した健司の気持ちに触れた振り返りを取り上げる。
評価	社会の一員として、よりよい社会を積極的に築いていこうとしている。	

（近藤広理）

九月のさわやかな風

　僕は掃除場所へ急いでいた。空気は重く蒸し暑く、走ると汗が噴き出してくる。今日から掃除場所が変わり、担当が校内で厳しいと評判の尾上先生になった。掃除場所である体育館前に行くと、同じサッカー部でクラスメートの健司が、掃除もせず、ふらふらしていた。健司とは幼稚園からの親友で、はきはき主張するところにいつもあこがれていた。僕は周りを気にしながら、そーっと声をかけた。
「いいのかよ？」
「尾上先生、出張でいないから大丈夫だって。」
　そう言えば、朝の会で担任の藤田先生がそんなことを言っていたような気がした。しかも、県外への出張で、二日間不在らしい。
「あせって損した。でも全く掃除しないのはまずくないか？
　みんな一応してるみたいだぞ。」
「大丈夫だって！　それにこんなに暑いと掃除する気にもならないよ。」
　確かに健司の言うように今年の九月はたまらなく暑い。どこに行っても蒸し暑い空気が漂っていて、そんな中、行われる運動会の練習ですっかり疲れきっている。
　結局、僕は健司と一緒になって二日間掃除をせず、十分間遊んで過ごした。

　掃除をさぼって二日目の日、藤田先生から帰りの会で連絡があった。
「運動会に向けて、あまり掃除が出来ていない箇所をきれいにしようと思います。何分でもいいので時間がある人は協力して下さい。ボランティア掃除に参加できる人は詳しい説明をするので、教室に残っていて下さい。」
　あまり掃除が出来ていないという言葉に、僕は一瞬どきっとした。藤田先生と目が合ったが、思わず目をそらしてしまった。
　僕らの学校では、運動会直前の週は部活動がないことになっている。
　僕は、帰りの会後、健司に声をかけてみた。
「なあ、掃除どうする？」
「部活がない日にわざわざ残る必要ないよ。参加したいなら一人で参加すればいいだろう。それに、俺、塾があるから。」
　健司は僕にあまり顔を見せないようにしている気がした。健司は嘘をつくとき左の眉毛が動く癖がある。それを以前、下校のときに指摘したことがあったので、そうしたのかも……と思った。
　健司の姿はあっという間に見えなくなった。
　残っている人もあまりおらず、僕も帰ろうかとしていると、後ろから不意に声をかけられた。
「ありがとうね。」
　振り返ると、藤田先生のいつもの笑顔があった。今から帰るところです、と伝えようかとも思ったが、何だか流れに身を任せたくなった。先に帰ってしまった健司のことが気になりながらも、僕はそのまま流される形でボランティア掃除に参加した。

運動会の練習で砂が上がった渡り廊下を、先生と一緒に掃いているときに、先生がボランティア掃除のきっかけを教えてくれた。先週金曜日、先生が生徒玄関の前を朝七時半ごろ通りかかった。すると、早く来ていた生徒二人が、にこにこしながらすのこを上げていたという。二人はいかにも楽しそうであった。話を聞くと、下駄箱付近に砂がたまっているのを見て、自主的に掃こうと相談していたらしい。そして週が明けた月曜日には、朝の掃除を見かけた生徒も加わり、人数が五人になっていたという。その輪が広がり、先生も参加したこの放課後の掃除へとつながったらしい。その話を知って、罪悪感のようなものが湧いてきた。生徒玄関をきれいにしてくれている同級生がいるなど全く知らなった。

ボランティア掃除はたった十五分で終わった。十分の掃除をしていなかった僕が、「たった」と感じたことが不思議だった。

次の日は、朝方まで弱い雨が降り続いた。その後も曇りだったため、運動場の状態が悪く、五時間目からやっと外での練習が行われることになった。いつも以上に玄関などが汚れているだろうと想像した。帰りの会となり藤田先生から話があった。

「運動会まであとわずかになりましたね。みんなの様子を見ていると、中学生のパワーって本当にすごいなってつくづく感じます。」

いつもの優しい笑顔で話し始めた。

「ところで、昨日、ボランティア掃除に参加した人たちから、毎日砂が上がるのでボランティア掃除は続けたいと申し出がありました。今日は特に、泥も上がっているので、とてもありがたいです。ただ明日は職員会議があるので、今日は放課後、明日は朝、それぞれ場所を決めて、ボランティア掃除をすることにします。時間のある人はよろしくね。」

放課後になり、健司に声をかけた。

「今日も掃除に参加しようと思うんだけど、どうする？」

「急にどうしたんだよ。お前も掃除さぼってたじゃないか。それに、俺が汚した訳じゃないし、今日はサッカーの自主練する日にしてるから。」

あっけなく断られてしまった。その後、藤田先生から聞いたボランティア掃除のきっかけになった生徒のことも伝えたが、健司は参加しなかった。ボランティアは強制でないことは分かっていたが、健司も同じ気持ちになってくれると思っていた僕は、がっかりしてしまった。

一方……

一度家に戻った健司は、ティーシャツとハーフパンツに着替え、トレーニングがてら、家から十分ほどの桜木公園に走って向かった。一日中、曇りが続いたためか、朝まで降った雨でできた水たまりがまだ残っている場所が所々あった。水たまりを軽快なフットワークで飛び越えながらスピードを上げた。五分も走ると、汗がティーシャツに染みるのが分かった。

（どうして、こんなに暑いんだ。汗が出てしょうがないよ。）

　心の中で文句を言いながら残り半分を走りきった。
　公園に入ると、いつも荷物を置いたり、座って休憩したりするベンチに人影が見えた。
「あー、いつもの場所が取られてる。」
　近くまで行くと、七十代ぐらいのおばあさんが雨でぬれたベンチを拭いていた。
「今日は、早いんだね。すぐどけるから、ちょっと待っておくれ。」
　おばあさんは、穏やかな表情で微笑んでいた。
　乾いたベンチに荷物を下ろそうとしたとき、健司の手が止まった。
（そう言えば、これまでも雨上がりに練習したことがあった。もしかして……。）
　健司は顔を上げると、帰ろうとしていたおばあさんに思い切って声をかけてみた。
「あの……、いつもしてくれていたんですか？」
「いつもという訳じゃないんだけど。この公園には、がんばって練習している人たちもいるから、ついお節介をしてしまったよ。ごめんなさいね。」
　自分で汚した訳でもないベンチを拭き、謝るおばあさんに返す言葉がなかった。健司は、蒸し暑さも忘れ、去っていくおばあさんの姿を、ただじっと見つめていた。

　夕食を済ませた健司は、珍しくテレビも見ず自分の部屋に居た。自主練後にいつも書いているサッカーノートを開いたが、自分が練習している姿が思い出せなかった。公園でおばあさんに会ってから、ずっともやもやしている。机の上に開いたノートを見つめる健司の頭の中には、公園で出会ったおばあさん、友達から聞いたボランティア掃除のきっかけになったという二人の同級生、そして友達に吐き捨てるように言って下校した自分の姿が、繰り返し浮かんできた……。

「どうしたんだよ！」
　次の日、朝のボランティア掃除に健司の姿があった。来るはずもないと思っていた僕は、驚いて健司に駆け寄った。
「ちょっとな……。」
　健司は照れくさそうにしていて多くを語らなかったが、どこかにこやかで、僕らは一緒に玄関を掃き始めた。

　まだまだ暑い九月。日中は三十度前後の日が続いている。しかし、掃除のために開け放たれた生徒玄関には、朝のさわやかな風が吹き抜けていた。

（作・近藤広理　絵・安藤しほり）

4　自作教材の事例②「ふるさとの銭形砂絵」

1　主題名　郷土を誇りに（C 郷土の伝統と文化の尊重，郷土を愛する態度）

2　教材作成の背景

本教材は、ボランティアに関する生徒作文〔許諾〕を基にした久保田員生（詫間中学校長）の創作資料「銭形の思い出」を、植田が「主人公の大学生が中学時代を振り返りながら考える」道徳科の教材（郷土愛）として改作し作成した。2019年度の四国大会で、桑田修幸教諭が第２学年で授業公開した指導案と様子を次頁に簡単に紹介する。（挿絵は、石田 穂教諭の手書きによる）

3　ねらい

銭形砂絵を守り伝えていこうとするおじいさんの思いに触れることで、郷土の伝統と文化を大切にしている人々に感謝の念を抱き、地域社会の一員として伝統や文化にも興味をもって関わろうとする態度や心情を育てる。

4　指導の実際

	学習活動	主な発問と生徒の反応	指導上の留意点および支援
興味を持つ	1　観音寺の銭形の砂絵について知っていることを発表する。	○観音寺の銭形砂絵についてどんなことを知っているか。 ・パワースポット。 ・砂で寛永通宝を作っている。	○写真を見せる。 ○時間をあまりかけず、自由に発表させる。
深める	2　教材「ふるさとの銭形砂絵」を読み、おじいさんと握手した主人公の気持ちを考える。	○どうして主人公はおじいさんの瞳を真正面から見られなかったのだろう。 ・中学校の時の自分を思い出し、恥ずかしくなったから。 ・後悔しているから。 ・おじいさんが素晴らしいと知ったから。	○主人公とおじいさんの関係を簡単に確認する。 ○個人で考えさせ、ペアで話し合わせる。 ○おじいさんの功績を押さえることで、主人公の中での反省や後ろめたさ以外の気持ちにも気付かせる。
	3　銭形砂絵への主人公の思いを考える。	主人公は、数分間でどんなことを考えたのだろう。 ・自分はあまり砂ざらえを熱心にできなかった。	○話合いの視点②「分類する」を基本に、よく似た意見ご

	(1) 自分の考えを付箋に書く。	・これまで何もしてないなあ。自分にできることは何だろう。	とに学習用ボードに整理させる。 ○分類した意見ごとにキーワードを書かせる。
	(2) ４人班でそれぞれの考えを交流する。	・これからも残してほしい。どうなっていくのか心配だ。 ・砂絵を守っていくのは大変だろうなあ。長い期間、多くの人が関わっていたのだなあ。	○同じ意見やキーワードである時は、説明を省くようにする。
	(3) 全体で交流する。	・残してきた人に対する感謝の思いがある。 ・銭形砂絵を守ることは自分たちに課されている責任であり、誇りをもって関わっている。	【追発問】「守らせてもらっている」とはおじいさんのどんな気持ちの表れなのかと問い返す。 ○班ごとに話し合わせ簡単に聞く。
見つめる	４　本時の授業を振り返る。 (1) ノートにまとめる。 (2) 意見を交流する。 (3) 自己評価をする。	○伝統や文化を未来に残していくために、大切なこととは何だろう。 ・地域の人たちのつながり、協力。 ・大切に受け継ごうとする強い思い。	○校外学習での粟島の人たちの話などを思い出しながら、伝統文化を残そうとする人々の思いを汲み、自分の住む地域を理解していくための指針の一つにする。

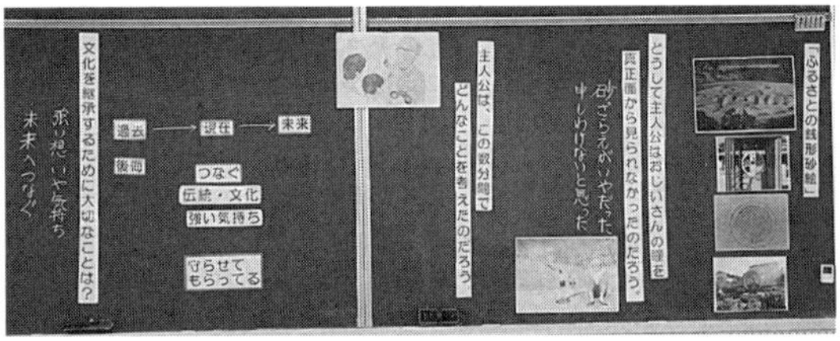

【全体での学びに関する板書の一部】

【４人班で考えを交流する場面】

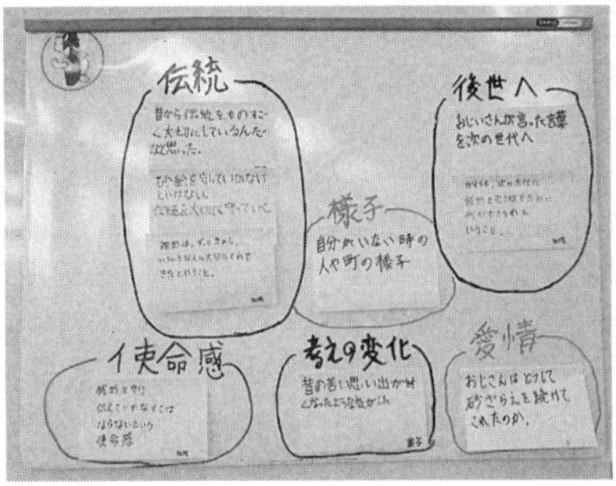

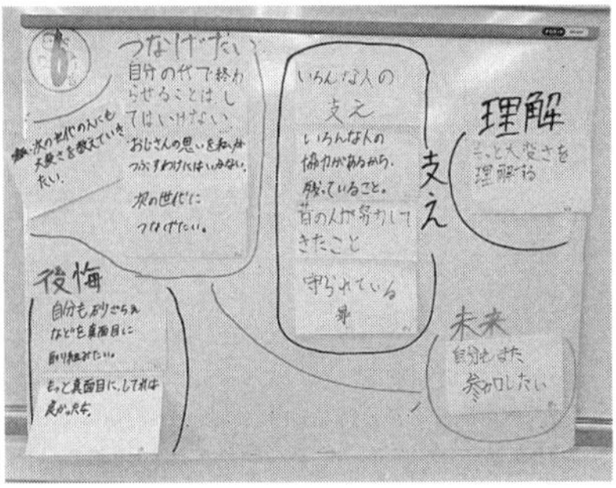

【学習用ボードに話合いの視点「分類する」を基本によく似た意見ごとに整理。】

【全体で交流する場面】

各班での学習用ボードをもとに全体で共通する点や他グループの表現に学びながら考えを広げたり深めたりする時間となった。生徒からは、「感謝の思い、伝統、つなげたい、使命感、責任、未来･･･」など様々な言葉でキーワードが表現された。

中学時代に砂ざらえが嫌だった私は、大学生になり地元を離れた県外にいてもこの銭形砂絵や有明浜の景色をよく思い出すのである。まさに原風景であり、故郷に帰ってきたと実感できる場所なのでもあろう。最後は、「砂ざらえをする大勢の人たちの中に数年後ふるさとに帰ってきた自分の姿を重ね合わせながら、瀬戸内海に向かって大きく深呼吸をする。」主人公である。地方における人口減少や少子高齢化等の様々な問題があるが、故郷の風景は変わらずに主人公を待ってくれているのである。そして、そこには変わらず続けられている伝統行事や催しがあり、守り続ける人々がいる。

桑田教諭の実践授業は、多面的・多角的な考えを引き出して生徒の心に響くと共に、故郷を誇りに人生を歩んでいく大きな宝となる主体的な学びの一時間であった。本教材の作成にあたり、多くの方々の協力や支えをいただいたことに深く感謝を申しあげたい。　　　　　　　（植田和也・詫間中学校）

ふるさとの銭形砂絵

眼の前に広がる瀬戸内海、そして二㎞にも渡って続く砂浜にウンラン、ハマナデシコなどの海浜植物[*1]。後ろを振り返ると緑の松林。大学三年生になった私は、ふるさと観音寺の有明浜に立ちながら瀬戸内海に向かって深呼吸をしている。幼い頃にこの有明浜の砂浜や松林を駆けめぐり、遊んだ記憶が鮮明によみがえる。この美しい風景は関西地方の大学で学んでいる私にとって、ふるさとに帰ってきた証ともいえる。何だか不思議なことに、自分が大人になったような気分がしていた。

今、秋の連休を利用して、同じ大学の佐藤君と一緒に、地元に帰ってきた。東京出身の彼は、この有明浜の景色にたいそう感激しているようだった。

「東京では、見られないよ。まさに、白砂青松・・・。」

私たちは琴弾公園の松林を通り抜けて銭形砂絵を上から見おろす山上をめざした。秋とはいえ、急勾配に息を切らしながらも、何とか登りきり展望台にたどり着いた。

山上の展望台周辺は、パワースポットとしても有名になり、観光客も十数名ほど来ていた。展望台の近くに横たわる巨岩の上から見渡す景色は、青い海、緑の松林、白い砂浜が、一枚の絵画のように飛び込んできた。まさに、見る人が言葉で言い表せないほどの絶景、世界にここだけしかない自然が創り人々が守り続けてきたふるさとの誇るべき景色である。

「すごい・・・。」

海に向かって独り言をつぶやいたかと思えば、振り返りながら

「ねえ久保、あれ何？大勢の人がいるようだけど・・・。」

と、尋ねてきた。彼の指さす先にあるのが、この有明浜で有名な「寛永通宝[*2]」の銭形砂絵である。

＊1　有明浜の海浜植物群落：観音寺市指定天然記念物で、西日本有数の群生地。その種類は四十種類以上。海浜植物とは海岸の主に砂浜に生育する種子植物。

＊2　銭形砂絵「寛永通宝」：一般には、寛永10年（1633年）に、藩主　生駒高俊公を歓迎するために一夜にして作られたと言われている。大きさは、東西122m、南北90m、周囲345m。毎年、春と秋に市民を中心に数百名で「砂ざらえ」を実施している。（観音寺市ホームページより抜粋）

東西百二十メートル、南北九十メートル、周囲は三四五メートルもある大きな砂絵で、昔のお殿様を歓迎するために一夜で作り上げたという伝説もある。私なりの知識で何とか紹介すると、

「へえ～。そんなに昔からあるんだ。今まで残っているなんて、不思議だね。」

と深く感心しながら、じっと眺めていた。たまたま今日は、秋の砂ざらえをしているようだ。私は少し自慢したくなったが、あまり気がすすまなかった。この銭形砂絵は、私にとってあまりよい思い出ではないからだ。

観音寺市では、この砂絵を美しく保つために、毎年、春と秋の二回、市民を中心に数百人のボランティアの方が参加して、「砂ざらえ」を行っている。これは、砂絵の中に入って、崩れた砂をかき上げる作業で、私も中学二年生の時に初めて参加した。でも、この作業は見ている以上に大変しんどくて重労働と言っても過言ではない。山の上から無線で指示する人がいて、その指示を聞いて砂絵の中で作業する人に指示する人がいる。私たちはそれに従って、崩れている砂を、ただひたすらスコップで掘ってかき上げるのだ。手にはまめができるし、足腰も痛くなるし、できればやりたくないほどのつらい作業であった。だから、楽をしようと砂を少なめにしたり、適当に休みながらして先生に叱られた記憶が忘れられなかった。そんな中学時代の苦い思い出話をすると、彼は

「そうか。でもさあ、そうやってる人たちがいるから、今も残ってるんだろ？」

「何いってんだよ、やってみろよ、佐藤、おまえも一緒だよ・・・。」

そんな話をしながら、砂絵をみて感動している彼の姿と砂ざらえの作業をしている小さく見える人たちの姿が、何だか対照的に感じられた。

さらに周りに目を向けると、観光客に交じって、地元の人らしいおじいさんや双眼鏡を手に持つ人が、じーっと銭形を心配そうに見ていた。私はそのおじいさんに、どこか見覚えがあるような気がした。

（そうだ、砂ざらえの時に、私たちの世話をしてくれていた人かもしれない・・・。）

私は、邪魔をしないだろうかと恐る恐る小さな声で話しかけてみた。

「あのう、もしかして砂ざらえのお世話をしてくださっている方ですか？」

「そうじゃけど、あんたは？」

＊1

＊2

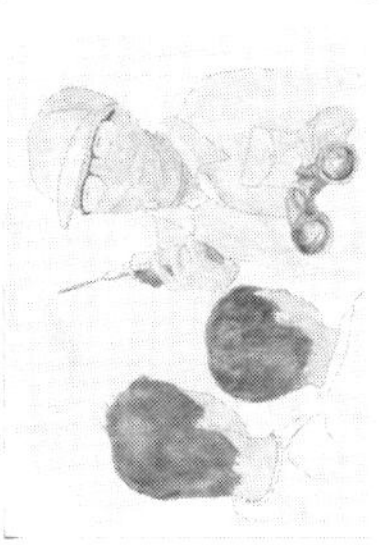

「今は関西の方の大学生なんですけど、この近くの出身で、中学生の時に砂ざらえに参加して…。それで、見覚えがある方だなあと思って、…。」
「そうか。そのときは、ありがとうな。」
「いえ、お礼を言われると、恥ずかしいんです。」
「どうしてじゃ？」
一瞬のうちに、私のあの苦い思い出が再生された。
「だって、中学生の時は、仕方なくいやいや参加していたんです。手や腰も痛いし、できれば、やりたくなかったくらいで。だから…。」
「はははあ。そんなことはええんじゃよ。子どもはみんなそうやと思う。」
すると、横で聞いていた佐藤君が、
「でもね、そんなこと言ってるけど、今は大学で海浜植物のことについて勉強してるんですよ。聞いたら、ふるさとの砂浜に育っている植物がきっかけだって言ってました。」
「もう、佐藤、余計なこと言うなよ。」
するとおじいさんは、
「そうかあ。うれしいのう。たとえ何歳になってからでも、この砂浜や銭形のことを気にかけてくれてるというのは。」
と言い、少し目を潤ませているようにも見えた。おじいさんは、思い出すように話を続けた。
「この銭形が、三百年以上前に便利な道具もなかった頃に作られたやなんて、すごいやろ。そのまま放っておいたら、今に残っとらんわのお。昔の人は作っただけでなくて、ずっと手入れもしてきたんや。そうやって、次の時代、またその次の時代へと受け継がれて、今がある。これは、ふるさとの自慢できることやと思う。」
　それから台風の時に、海水が入って崩れた出来事や県外からも砂を運んできた話を聞かせてくれた。私たちは、ただうなずきながらその大変さを少しでも想像しようとしていた。
*1　そして、眼下を指さしながら、ゆっくりと力強い声で銭形に話しかけるように語ってくれた。

「昔の人から受け継いできたこの銭形砂絵を、わしらの代でなくしてしまうわけにはいかんからなあ。あんたたちの世代や、もっと先の世代へ残していかないかん。そのために、わしらはこの砂絵を守らせてもらってるんや。」
それを聞いて、私は佐藤君と息を合わせたかのように
「守らせてもらってるかあ…。」
と顔を見合わせながら一緒につぶやいていた。おじいさんの最後の言葉に込められた意味を私は何とか理解しようと、銭形に精一杯の視線を注いだ。
　それから、おじいさんは、しわしわの手を私の肩にやさしくのせて、小さくうなずいた。その手から、何だか少しだけ何とも言えないぬくもりを感じた。そして、私たち一人一人と握手をしてくれた。しわしわだがとても力強い手であった。不思議な空気に包まれた私たちは、ぴょこんと頭を下げるだけしかできなかった。おじいさんは、近くで双眼鏡から銭形を見つめる人の方へ静かに立ち去った。

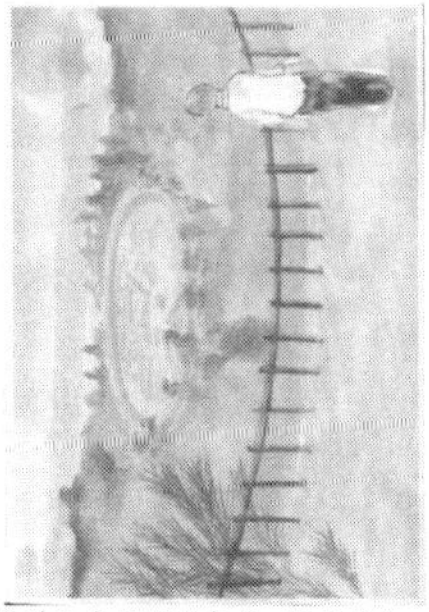

　中学生の時、あんなに砂ざらえが嫌だった私は、握手をしたときにおじいさんの瞳を真正面から見ることができなかった。しかし、地元を離れた県外にいてもこの銭形砂絵や有明浜の景色をよく思い出すこともある。たった数分間であったが、いろんな事を考えさせられた。
「おい、佐藤、一枚撮ろうか、そこに立ってみて…。」
私は、ファインダーから見える砂ざらえをする大勢の人たちの中に数年後ふるさとに帰ってきた自分の姿を重ね合わせていた。
　その銭形砂絵の上を気持ちよさそうに秋風に滑空する一羽のとんびを見ながら、私は瀬戸内海に向かって大きく深呼吸をしていた。
（生徒作文〔詳細〕をもとにした久保田貫主の創作資料「銭形の思い出」を、植田和也改作／絵　石田穂）*2

5　自作教材の事例③「サシバのピコロ」

1　主題名　自然と共に生きていく（D 自然愛護）

2　教材作成の背景

本教材は、作成依頼を受けて、関係者や宮古島の方々に協力していただいた。童話（絵本）「サシバのピコロ」（著者：仲間明典氏、1999、バーズ・クリエーション）を参考に、宮古島の宮城克典氏（当時の宮古島市立結の橋学園校長）からの聞き取りを加えて仲間氏の許諾を得て作成した。作成にあたり道徳科の教材として、内容項目：自然愛護を中心に、生命の尊さ、郷土愛、希望と勇気、努力と強い意志等に考慮しながら作成を試みた。また、宮古方言で劇「サシバのピコロ」の脚本を製作した佐和田貴美子氏の方言劇も参考にした。本教材の実践授業においても、仲間氏、佐和田氏にゲストとして参加していただいた。

3　ねらい

サシバにとって誇りある生き方の「わたり」を通して、人間と自然や動植物とのつながりを考え、自分たちにできることを見つけ実行していこうとする実践意欲を高める。

4　指導の実際

沖縄県宮古島市の小学校で本教材を実践した際の指導案である。

	学習活動（発問と予想される児童の意識）	指導上の留意点
導入	1　本時の課題を知り、学習の見通しをもつ。 サシバと共に、私たち人間はどう生きていったらいいんだろう。 ○本時の課題に迫るために、まずサシバのわたり（生き方）とはどのようなものか考えます。その上で、私たち人間はサシバと一緒にどう生きていけばいいか、みんなでじっくりと考えていきましょう。	・本時の課題を示し、問題意識をもたせるとともに、学習の見通しをもたせ、ねらいとする価値への方向付けを行う。

展 開	2　教材「サシバのピコロ」を聞き、話し合う。 ○サシバにとっての「わたり」とは、どのようなものだろう。 ・命懸けの旅　・希望をもち続けて達成するもの ・仲間や家族と協力が欠かせないもの ・意地と誇りでやり抜くもの ・苦難を乗り越えて一人前になるための試練 ◎サシバと共に、私たち人間はどう生きていったらいいんだろう。 ・サシバが住みやすい環境や自然を大切にする。 →サシバを守ることは人間の命を守ることにつながる。 ・サシバを島の誇りとして大事に守っていく。 →毎年、サシバが安心して来られる環境を整えていく。	・全文を読み、教材の概要をとらえさせる。 ・ワークシートに箇条書きで書かせた後、交流させる。 ・全体で共有した後、人間との関わりに関するものに丸をつけさせる。 ・「なぜそう考えるか」と問い返しながら、人間と自然（自然界の動植物）との共存の重要性を意識させ、自分にできることを考えさせる。
終 末	3　本時の学習を振り返る。 ○今日の学習で学んだこと、気づいたこと、改めて課題となったことを発表しましょう。 ・○○さんの意見のおかげで、サシバは私たちにとって大事な友達であることが分かった。友達と仲良く、楽しく暮らせる環境を自分たちの手で作っていきたい。 ・○○さんが言っていた「島の誇り」という言葉が心に響いた。毎年サシバが来ることを私達の誇りにしていくために、些細なことだけど、ごみを拾ったり、海をきれいにしたり、自分のできることをしたい。 4　ゲストの話を聞く。	・誰のどんな意見が参考になったかを発表させることにより、学級の雰囲気を温かなものにする。 ・自分の意見が級友の役に立ったことを実感し、自己有用感がもてるようにする。

以下、小学4年生で実践した際の板書である。

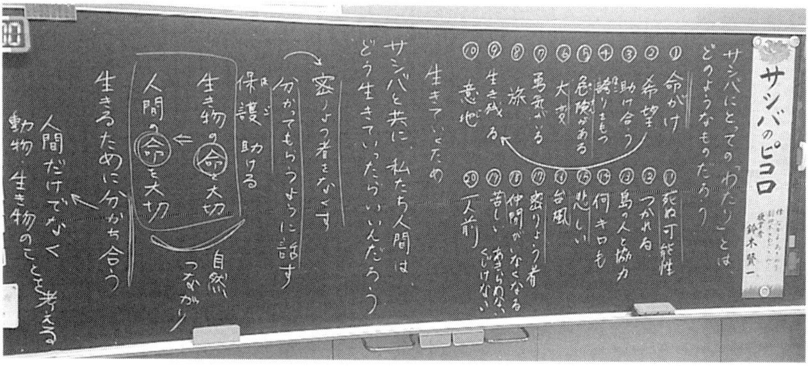

児童たちは、授業以前に学習発表会で「サシバのピコロ」の方言劇を行っていた。そこで、教材への関心も高く、範読を聞ききながら台詞を口ずさんだり、自分が見聞きしたことや体験を通して学んだことを基に考えたりできた。

中心発問後には、児童からは次のような意見が出た。

- サシバの命を大切にするということは、人間の命を大切にすることにつながる。自然や地球は人間だけのものではないから、他の動物や生き物のことを考えて、お互いに生きるために分かち合うことが大切。
- 友だちであるサシバが安心して来年も来たいと思ってもらえるような環境を作っていきたい。この島に住む自分たちにとって、「サシバ、ようこそ」と言って迎えられることは、自分たちの誇りを深めることになる。
- 自然を大切にするためにも、自分たちの気持ちを変えることが大切。

童話を基に道徳教材としてアレンジした本教材は、郷土色や実生活との関連が強いために、まさに児童が「考えたい」「考えるべき」と主体的な気持ちで取り組めるものであった。授業後にも、「もっと調べてみよう」「他の人にも聞いてみたい」という意欲を喚起し、対話は家族や地域へと広がっていった。

ねらいとする価値（自然愛護）に迫るばかりでなく、関連価値（生命の尊さ、郷土愛、希望と勇気，努力と強い意志等）にも考えが及んでおり、思考の広がりや深まりが伺えた。何より、これらを堂々と語る児童たちの真剣なまなざしや、生き生きとした表情から、自分たちの美しい郷土に愛着をもち、自らの手で守り、育んでいこうとする頼もしさが感じられた。

最後に、ゲストの２人仲間氏、佐和田氏から子供たちに向けてメッセージをいただいた。「サシバにも人間にも家族がいる。お互いに助け合い、支え合いながら共に生きていくことが大切。」改めて人間と自然とが一体となって、調和を図りながら共存することの意義を考えさせられた。作成から実践まで、関係者や宮古島の方々に支えていただいた。心から感謝を申しあげたい。　　（鈴木賢一）

【ゲストからのメッセージ】

サシバのピコロ

1　はじまり

「ピコロ起きなさい。今日から遠くまで飛ぶ練習はじめますよ。」

「ウーン，まだねむいよー。まだいいでしょう？」

「オーイ！ねぼすけ。今ごろ起きたのか。それでは，わたりは無理だぞー。」

目の黒い，アツフミーのお兄さんがからかっています。

「わたりってなんのこと？」

「はっはっは，いいかいピコロ，ぼくたちサシバは，毎年，秋になると，遠い南の島へ旅をするのさ。それは，それは大変な旅なんだ。」

「ふーん，南の島ってどんなとこ？」

「温かくてエサもいっぱいあって，とっても楽しいところなんだ。」

「こらこら，わたりは命がけなんだぞ。島から島へ，何千キロも旅をするんだ。わたりの途中で，台風にあったり，密猟者《みつりょうしゃ》に見つかったりして，死んでいった仲間が大勢《おおぜい》いるんだ。サシバ同士《どうし》助け合わないと，とてもわたりはできないんだ。しっかり練習してがんばりとおす。それがサシバの誇《ほこ》りなんだ。わたりを経験《けいけん》して始めて一人前《いちにんまえ》のサシバと言えるんだ。さあ，練習，練習。」

赤い目のアカミーお父さんが大きな声で言いました。

「南の島かー。行ってみたいなー。よーし，ぼくもがんばるぞー。」

2　旅のはじまり

それから一月《ひとつき》ほどたった十月の初めにお母さんが子どもたちに言いました。

「ピコロ，アツフミー，いよいよ明日出発だよ。また来年，家族そろってふるさとに帰れるように，しっかりがんばるのよ。苦しいことがたくさんおこるけど，くじけたり，あきらめたりしてはいけないの。とても勇気のいることだけど，最後まで希望をもてた者だけが生き残れるのよ。」

青空いっぱいの，気持ちのいい秋の朝です。

「さあ，いくぞー。ピコロ，アツフミー，まず，鹿児島県の佐多岬《さたみさき》だ。」

「いいよー。」

「僕だって準備《じゅんび》オーケーだよ。」

3　伊良部島に到着

ピコロの家族は，佐多岬に集まった仲間たちとミーニシの風に乗って伊良部島に向かいました。

一日目，二日目と飛び続けたピコロたちはもうへとへとです。

「お母さん，もう飛べないよー。」

「ピコロ，もう少しだからがんばれー。」

「お母さん，もうだめだ。もう死にそうだ。」

「だいじょうぶかー。みんながんばるんだ。サシバの意地《いじ》と誇りを忘《わす》れるな。」

お父さんが，全員をげきれいしました。

「よーし。飛び続けるぞー，負けるもんか。」

ピコロは，こぶしをにぎりしめました。

「おーい。伊良部島だよー。伊良部島が見えたぞー。」

「さあ，着いたよ。みんなゆっくり休もうね。」

「子どもたちが楽しそうに遊んでいるね。」

「みんな，疲《つか》れているから休もうか。人間は，優《やさ》しいけどたまに密猟者といってこわい人もいるから気をつけるんだよ。」

「ピコロ、密猟者には、注意するのよ。つかまったら食べられてしまうんだから。」

4　密猟者におそわれる

みんな疲れきってぐったり寝《ね》ている真夜中《まよなか》のことです。

「密猟者だー。密猟者だー」

「ピコロ、アツアミー、逃《に》げなさい。密猟者よ。早く逃げて。」

「お母さーん。こわいよー、こわいよー。」

「お父さーん。お父さーん。」

「みんなここだよ、ここだよー。はぐれるんじゃないよ。」

「お父さんとお母さんの後からしっかりついてくるんだよ。逃げろ、逃げろ。」

5　お母さんたちとはぐれる

闇《やみ》の中を一生懸命《いっしょうけんめい》逃《に》げました。夕べのおそろしさは、うそのように

静《しず》かな朝です。しかし、お母さんとお兄さんの姿《すがた》が見えません。

「お母さん、お母さーん。どこ、どこなの？」

「ピコロ、お母さんとお兄さんは、人間たちにつかまってしまったんだよ。」

「うそだー、うそだー。そんなことないよ。人間は友だちだってお母さんは言ってたじゃないか。お母さんをかえせー。」

6　再会

ピコロは泣きながら南の島へ、南の島へと飛び続けました。南の島で、ひとまわり大きくなったピコロにお父さんが言いました。

「北へ帰るぞ。ふるさとの山へ帰るぞ。」

ピコロは、優しかったお母さんのことを一日だって忘れたことはありません。

「人間は、友だちなんかじゃない。」

人間なんて大きらいだ。そう思いながら伊良部島を過ぎようとしたときです。

「ピコロー。ピコロー。ピコロはどこ？私のかわいいピコロよ。返事をしておくれー ピコロー ピコロー。」

「あれ あれー あの声はお母さん。お母さーん。ここだよー。ここだよー。」

「ピコロ よかった。よかった。」

「お兄さーん。」

「よかった、よかった。」

お母さんとお兄さんは、あの密猟者におそわれたとき、木にぶつかったり、石にぶつかったりして けがしているところを、島の人たちに助けてもらい、けがの手当てをしてもらったり、エサを持ってきてもらったりして元気になりました。

「密猟者もいるけど、伊良部の人たちはみんな優しいよ。」

「そうだとも。お父さんもそう思うな。」

「人間は優しいね。」

「やっぱり人間は、みんな友だちなんだね。」

「伊良部島はいいところだから、来年も大勢の仲間たちと来て、羽を休ませようね。」

「伊良部の友だち、親切にしてくれて ありがとう。」

「伊良部島のみなさん。来年もまたくるからね。」

サシバの親子は、うりずんの風に乗って 空高く舞《ま》い上がり北の方へ 北の方へと飛んでいきました。

いつの頃《ころ》からか、寒露《かんろ》の頃《ころ》に たくさんのサシバが私たちの伊良部島に、来るようになりました。

おわりに

2020年は世界中が「COVID-19」への対応を考えさせられた年であり、すべての人たちが「自分の在り方」を考えさせられた年である。多くの死者をもたらした「目に見えないウイルスとの戦い」は人々を不安にさせ、さまざまな問題を生じさせた。中でも「差別・偏見」について考えさせられることがあった。例えば「海外渡航者」への偏見であり、最近では「首都圏在住者」への差別・偏見である。東日本大震災で被災し、他の地域へ移住した人たちに対しての放射能関係の差別・偏見を思い出す。残念なことである。

その一方で、共に苦難を支え合おうとしたり、医療従事者を応援しようとしたりする心温まる動きもあった。その活動に救われた方も多いことだろう。「リスペクト　アザーズ」。今こそ、お互いを尊重し合う気持ちが必要なのである。

このような経験のない事態にどのように向き合い、どう行動するのか。自分の生き方を考える土台づくりに大きな影響を与えるのが道徳教育なのではないだろうか。困難に直面しても折れない心をもち、物事を多面的多角的に考え、相手のことを思いやり、自分にできることを誠実に取り組もうとする姿こそ、道徳教育が目指す生き方であり、今後の「経験のない事態」にもよりよく対応することができる力となる。本書はその手がかりの一つである。

また、本書は全国の道徳教育の最前線で取り組む研究者と授業者が一体となって作成した書籍である。特に、1冊の中に授業づくりの理論や小・中学校の実践例に加え、校内研修や開発した道徳教材まで掲載している書籍は他に類をみない。まさに「特別の教科　道徳」の充実のために大いに参考になる書籍である。全国各地のすばらしい実践に触れ、自分自身の実践を見直すとともに併せて「小・中学校のつながり」の視点でも捉えてほしい。各実践を系統的に捉えたとき、今後の実践に生かすことができる点があると考える。

このように本書は充実した内容で、経験の少ない教員からベテランの教員まで興味をもって読んでいただける示唆に富んだ書籍に仕上がったと自負している。本書をきっかけに、先生方が道徳授業を愉しんでほしい。

最後に本書の刊行にあたり、ご多用の中、魅力的な原稿を執筆していただいた先生方に感謝したい。ありがとうございました。　（土田雄一）

執　筆　者　一　覧

【監 修 者】　七條　正典　　高松大学教授
櫻井　佳樹　　香川大学教育学部教授

【編 著 者】　植田　和也　　香川大学教育学部教授
毛内　嘉威　　秋田公立美術大学教授
土田　雄一　　千葉大学教授
齋藤　嘉則　　東京学芸大学教授
松田　憲子　　神田外語大学特任准教授

【執 筆 者】＊執筆順
近藤　広理　　岡山県津山市教育委員会指導主事
山本木ノ実　　香川大学教育学部教授
金綱　知征　　香川大学教育学部准教授
有馬　葉子　　香川県高松市立太田南小学校教諭
進藤　澄子　　山梨県甲府市立国母小学校教諭
石飛佳苗子　　広島県熊野町立熊野第三小学校教諭
長野　真美　　広島県熊野町立熊野第三小学校教諭
木下　美紀　　福岡県義務教育学校宗像市立大島学園主幹教諭
佐藤　範子　　千葉県茂原市立本納小学校教諭
岩井由美子　　高知県宿毛市立大島小学校教諭
堀井　綾子　　秋田県秋田市立御所野小学校教諭
山本　健太　　香川大学教育学部附属坂出小学校教諭
原　　洋子　　岡山県玉野市立荘内小学校指導教諭
村田寿美子　　京都府城陽市立東城陽中学校教諭
山本　理恵　　千葉県東金市立東中学校教諭
佐々木篤史　　弘前大学教育学部附属中学校教諭
鈴木　賢一　　愛知県あま市立七宝小学校教諭
小島　啓明　　愛媛県鬼北町立広見中学校教諭
清水　顕人　　香川大学教育学部准教授
石川　春奈　　香川県三豊市立詫間中学校教諭
折野　智美　　徳島県阿南市立見能林小学校教諭

【執筆協力】　三豊市立詫間中学校

【表紙絵、イラスト】　佐々木啓祐　　高松大学准教授

編 著 者 紹 介

植田　和也：香川大学教育学部教授　香川県公立小学校教諭から人事交流制度で平成15年度より4年間香川大学へ。その後、公立小学校教頭、香川県教育委員会東部教育事務所主任管理主事、所長補佐を経て、平成25年度より香川大学教育学部准教授授、平成29年度より同教授。教職大学院担当。

毛内　嘉威：秋田公立美術大学教授　青森県公立学校教諭を経て鳴門教育大学大学院に内地留学。弘前大学大学院後期博士課程修了。博士（学術）。弘前大学教育学部附属小学校主幹教諭、青森県教育委員会総合学校教育センター指導主事、平成25年度より秋田公立美術大学教授、平成29年度より同大副学長。

土田　雄一：千葉大学教育学部教授　千葉県公立小学校教諭、千葉県子どもと親のサポートセンター研究指導主事から人事交流制度で平成17年度より5年間千葉大学へ。その後、市原市教育センター所長、市原市立白金小学校校長を経て、26年度より千葉大学教育学部特任教授、27年度より同教授。教職大学院担当。

齋藤　嘉則：東京学芸大学教授　宮城県公立中学校教諭、仙台市教育局学校教育部教育センター指導主事、教育指導課長、文部科学省初中局教科書調査官（外国語）、宮城教育大学教職大学院准教授、仙台市立公立中学校長、平成28年度より香川大学教育学部准教授、同教授を経て令和元年10月より現職。教職大学院担当。

松田　憲子：神田外語大学特任准教授　青森県公立小学校教諭、千葉県公立小学校教諭、習志野市総合教育センター指導主事、千葉県子どもと親のサポートセンター研究指導主事を経て、平成30年4月より現職。教職課程を担当。

特別の教科　道徳
～授業力向上への一歩～

2020年9月25日　初版発行
定価　1,400円＋税

監　　修　七　條　正　典　　櫻　井　佳　樹

編　　者　植　田　和　也　　毛　内　嘉　威
　　　　　土　田　雄　一　　齋　藤　嘉　則
　　　　　松　田　憲　子

編集事務局　香川大学教育学部　植田和也研究室内
　　　　　〒760－8522
　　　　　香川県高松市幸町１－１
　　　　　TEL　087－832－1509

発　　行　株式会社 美巧社
　　　　　〒760－0063
　　　　　香川県高松市多賀町１－８－10
　　　　　TEL　087－833－5811

ISBN　978-4-86387-133-5 C1037